郑明华◎编著

核心素养导向的教师专业发展

基于课程标准的初中学历案校本实践

郑州大学出版社

图书在版编目(CIP)数据

核心素养导向的教师专业发展：基于课程标准的初中学历案校本实践/郑明华编著.——郑州：郑州大学出版社，2022.3(2022.7重印)

ISBN 978-7-5645-8529-7

Ⅰ.①核… Ⅱ.①郑… Ⅲ.①课程-教案(教育)-初中 Ⅳ.①G633

中国版本图书馆 CIP 数据核字(2022)第 018531 号

核心素养导向的教师专业发展:基于课程标准的初中学历案校本实践
HEXIN SUYANG DAOXIANG DE JIAOSHI ZHUANYE FAZHAN JIYU KECHENG BIAOZHUN DE CHUZHONG XUELI'AN XIAOBEN SHIJIAN

策划编辑	王卫疆	封面设计	苏永生
责任编辑	郜 毅	版式设计	凌 青
责任校对	胥丽光	责任监制	凌 青　李瑞卿

出版发行	郑州大学出版社	地　址	郑州市大学路40号(450052)
出版人	孙保营	网　址	http://www.zzup.cn
经　销	全国新华书店	发行电话	0371-66966070
印　刷	新乡市豫北印务有限公司		
开　本	710 mm×1 010 mm　1/16		
印　张	13	字　数	208 千字
版　次	2022 年 3 月第 1 版	印　次	2022 年 7 月第 2 次印刷
书　号	ISBN 978-7-5645-8529-7	定　价	56.00 元

本书如有印装质量问题，请与本社联系调换。

代总序

我与拱宸中学的学历案

崔允漷

人与人的相识需要缘分,我与拱宸中学的结缘也是缘分。

时间有点久,我已经记不清哪一年,收到一叠来自杭州市拱墅区的学校课程规划方案,请我指导,选择其中优秀的给领导反馈。我仔细看了这些来自各个学校写的学校课程规划方案的顶层设计初稿,记得当时有两份学校课程规划方案特别让我刮目相看,其中一份就是拱宸中学的。之后我还不止一次在拱墅区的讲座中,大力表扬过拱宸中学的这份课程规划方案写得好。在这之后,郑明华校长提到学校很想搞学历案,已经组织全校老师在进行学历案理论学习,也找了几个学科骨干教师在尝试设计学历案,希望我能给予一些指导。

被郑校长和她带领的一群老师的真诚和执着所打动,之后我去过拱宸中学几次,和老师们近距离的交流。每次都有不同的感叹与收获。一方面,感叹于一所普通公办初中学校有对学历案持续的先锋式的探索勇气;另一方面,每次去都会让我看到这个学校老师们学习和实践后的进步,发现一些令人惊喜的成果。

学历案是自由与自律的结合。

2017年6月的一天下午,我去杭州开会,应邀到拱宸中学指导,针对学校老师们撰写的"学历案"进行面对面交流。

我曾经在讲座中把课程建设中的学历案比作旅游指南。观光的景点已经设定好,可以有好多个景点,那么究竟如何到达那个景点、是否最终到达那个景点,就是学历案所承担的职责。写好学历案,在课堂内,你就可以成为一个优秀的受学生欢迎的课程"导游"。如何更好地在课堂内,引导学生学好知识,达成教学目标,令我惊喜的是拱宸中学这所学校的老师们开始了探索和尝试。学历案,可以当作学校课程改革的一个路径,一个抓手。当时拱宸中学数学组,在学校原有的几年导学案教学的积累中,有了很多的想法和经验。两位年轻的数学老师各写了一份学历案,我针对两份学历案,逐条分析,层层深入。当时,学校领导特别重视这次交流,每个组都有骨干教师旁听学习。

学历案体现的是真实平等的师生关系。

2019年12月,我与王少非教授、雷浩副教授第二次来到拱宸中学,对学历案探究实践中的问题进行进一步的探讨。听到拱宸中学围绕"学历案与核心素养"系列活动都已经开展到第十五次了,非常感动。记得那天上午,听了叶思宇老师执教的一堂初一年级的科学课,题目是"物质特性专题之物态变化"。这堂课通过建立二氧化碳气体和干冰(固体)的微观模型,解释物态变化过程中体积、质量和密度的变化,从宏观现象探究微观本质。课前请同学们根据所学内容,以"物态变化"为主题设计知识框架。课中按照以下任务进行学习:干冰何来,探秘身份——干冰出场,初探性质——干冰落水,疑点重重,学习和评价密切结合。学后请同学们根据本课所学,对课前的知识框架图进行修改,建立知识点间的联系,并让学生把有疑虑的地方写下来汇总统一课后解答。

我做了最后点评,认为叶老师的课直观上体现了学历案的课堂内涵,体现了学生的主体性。同时也赞赏了学历案中的专题框架部分,认为这个内容可以很好地指引学生的学习。之后还提了一点建议:教学目标前置让学生了解本课主要学习要点是必要的,教师在讲课时也要用更通俗的语言来解释目标,让学生时刻想起"要去的地方"。课堂中的一问一答要讲究智慧和效率,力求让更多学生在课堂中发生学习和掌握知识。

转眼到了2020年疫情后,听说郑明华校长与教师们又在学历案模式下进行大单元思考与设计,我尤为欣慰,深为感动。一是通过改变教师的站位,来改变教学设计的格局。二是改变知识细碎的教学,化整为一,将知识结构化。三是注重知识关联,引导学生关注知识与知识之间,知识与生活之间的关联,将知识运用于生活。学生通过大单元的学习,能提升学科核心素养;学生的课堂活动指向明确的学习目标;教师能够通过比较精准的课堂观察,提升学历案评价的有效性。社会教研组和科学教研组教师介绍的大单元学历案框架和思路,非常专业。称之为学历案模式下的"宸星"课堂教学转型。由此,拱中继成为拱墅区第一轮课程改革种子学校后,又参加了第二轮课改提升工程基地学校选拔答辩会,成为拱墅区第二轮课程改革学科基地学校。

教书易,育人难。致力于课程育人,是教师专业发展的本义。个别教师带头做,不难;全校教师投入做,非常难! 一直以来,感动于拱宸教育人的火热干劲,欣喜于学校全体教师多年来执着参与、坚持不懈的精神。

向拱宸教育人这种持续的先锋式探索致敬!

前言

教学变革成功的关键在于"教师之变",包括教师的专业理念、专业知识和专业能力等。研究发现,基于学校本位的教师专业发展较为有效。"如何促进教师专业发展"是我们近十年来一直研究的课题方向。2010年,《浙江省中长期教育改革和发展规划纲要(2010—2020年)》中,特别指出"加强教师队伍建设,提高执教能力"。教师是变革之力量,而教师的专业素养直接决定了变革力量的强弱。教师专业发展的核心领域主要包括四个方面:促进学生全人发展的知识与技能、促进有效学习的教学实践技能、专业反思能力和终身学习能力以及合作能力。

崔允漷教授指出:"教师专业发展在教师反思中完成,在学校实践中获得大部分所需的专业知识。"2010年拱宸中学,正遇教师新旧观念冲突之时,专注"教学反思",开始教学变革。后续推进了"导学案""绿色作业"。教师观念逐渐转变,教师开始以"学生为本"的教学理念,关注基于课程标准的校本作业设计。但是变革并未止步,2015年,我们遇到了华东师范大学课程研究所所长崔允漷教授,迎来了我校教学变革的重大转折点。在崔教授的指导下,我们重构"宸星"课程体系,明确了我校的核心价值思想和教育理念。同时借用学历案变革教师的专业方案,改进教师的专业实践,开启课堂教学新模式。

那是2016年9月24日一个上午,坐在杭州市拱墅进修学校报告厅里。至今仍清晰记得,崔教授第一次介绍"学历案",这场极富感染力和说服力的讲座,深深打动了会场学习的老师们。对我这个校长而言,好比注入一剂关于"课程实施与教学变革"的强心针。听完报告后,我跟老师们说,"新时期要发展学生的核心素养,首先要促进教师专业发展。如今是一次千载难逢的好机会,我们要抓住眼前的机遇,实现弯道超车。"不久学校课程部成立,组建学校学历案核心小组,从几个人,到一群人;从华东师范大学课程研究所专家们的面对面指导,到学校主动向外寻求理论和实践的学习机会。迈出课程实施与教学变革最为关键的一步。"学历案模式下'宸星课堂'(STAR)的开发与实施"课题研究在拱宸中学开始生根、发芽并结果。从2017年初开始接触学历案,至今已四年有余,研究之苦虽不言而喻,但专业成长不期而至。四年多来,全校师生齐心协力,与学历案建立了深厚的"情谊",很多老师从开始的抵触,到现在的爱不释手,展现了一个又一个关于"学历案"的美好故事。

感谢拱墅区教育局领导牵线搭桥,给我校"课程实施与教学变革"提供强大的专业支撑。感恩与华东师范大学课程所崔允漷教授团队的通力合作,让我们可以有信心一路走到现在,如今我们获得了一些阶段性的成果,得以编写此书和各位同仁分享交流。

本书由三个部分构成:

第一部分,"寻,教师专业发展之路",一位校长还原十年教学变革之路。

"十年教学变革:借用学历案促进教师专业发展"主要讲述拱宸中学近十年的教学变革中,如何分阶段确定教学变革的主题与思路,寻找能被老师们接受的有效载体与措施;如何结合校情,利用课题引领,校本研修跟进的范式,促进教师专业化的发展之路。拱宸中学的老师们在十年间的专业发展变化是巨大的,从"教学反思"开始至"教案变革——学历案",尤其借用"学历案"撬动老师们专业理念的改变,专业知识的增进和专业能力的提升,是显而易见的。让同行和老师们坚信对于学校,变革是常态,教育才有出路。2020年拱宸中学成功领办杭州市星澜中学,拱宸中学由单体学校成为拱墅区新名校集团,2021年顺利通过浙江省现代化优质学校的评估。这所1957年创办的公办老牌学校实现了华丽转身,得到跨越式的发展。今天编著此书,希望能够给读到这部书的学校管理者和教育行政领导,能增强教育教学变革的信心,同时希望您感受我们遇到学历案之后的欣喜与蜕变。

第二部分,"听,我们的心路历程",十一位教师倾诉研究、实践学历案的心路历程。

学历案对于教师来说是一个丰富的宝藏，可以从中不断地汲取力量。但研究并实践学历案的过程却并非易事，近四年来，老师们熬了无数日夜，争吵过，抱怨过，跨过无数艰难，经历无数思考的冲击，同时也收获了难以言表的喜悦。这一部分的故事记录了我们研究学历案的诸多思考，以及在实践学历案时遇到的困难并如何攻破的过程。既有教师个体的成长经历，也有教研组长的砥砺前行；既有对攻破学历案关键技术的绞尽脑汁，又有突破难关的欣喜无比；既有对学生学习经历的重新认识，又有对学科核心素养的深度学习。愿能够让您理解学历案带给我们的变化和学历案本身的魅力。为此，我们收录了部分老师经历学历案实践后的一些感悟文章，涵盖多门学科和编撰学历案的多个关键技术，与读者分享。

第三部分，"看，初中学历案精选"，十八个精心设计并经过实践打磨的典型示范级学历案。

从构思编撰，到实战打磨，形成一个个具有价值的典型示范案例，离不开崔允漷教授团队的鼎力相助。撰写学历案对我们来说是一个提高专业知识和能力的过程，在这一过程中，不仅要基于课程标准，还要考虑本校学情，同时考验教师为学生设计学习经历，搭建学习支架，评价学习结果的能力。在一次次的修改完善中，提升了教师专业能力，促进了学生的学习，提高了教学质量。书中选取的18篇案例，来自初中阶段九个不同的学科，都曾在区级以上平台进行展示汇报过，具有较好的代表性，可供各位一线教师参考和借鉴。

在本书出版之际，特别感谢崔允漷教授和他领衔的专家团队及研究生们，对我们强有力的专业指导。六年间，你们为拱宸教育集团的课程发展和教学改革付出了巨大的心血！在多次的学术交流中，我们彼此也建立了深厚的友谊。可以说没有崔教授专业团队的全程指导和带领，我们很难取得这样的成果。书中的每一个故事，每一个人物，每一个字都对崔允漷教授满怀感激之情。正因为你们的专业引领和技术支持，我们才能披荆斩棘，突破重重难关。

同时，我要感谢学校研究团队全体成员及全校师生，本书所有案例与分享均出自杭州市拱宸教育集团的老师们，谢谢你们不计得失的付出与努力，谢谢你们的无私奉献和专业精神！感谢元济高级中学、嘉兴一中等地的同行和拱墅教育研究院的领导、教研员们的悉心帮助与不遗余力的推广！感谢郑州大学出版社为本书高质量出版提供的机会和支持。让我们用最真挚的祝福，感谢一路关心、鼓励、帮助我们的人们，正因为你们，我们才能一直坚定地走在促进教师专业发展之路上。

最后，想对有缘阅读本书的读者说几句。你们可能是一个学校的管理者，可能是正在建设学校课程体系的研究者，也可能是迫切希望通过设计与实施学历案改进教学的一线教师，这是一部立足学校本位的促进教师专业发展之书。通过阅读本书，或许能为你们的学校教学管理提供一条清晰的路径，为提升你们指导学生深度学习的能力提供一种思路，为你们的专业发展提供一种视野、一种可能性。如果是这样，我们将感到无比欣慰。当然，没有一项研究与实践会是完美的，是不需要改进的，困惑与一直不断的改进会成为我们实践路上不竭的动力。

郑明华
2021 年 5 月于杭州

目 录

第一部分　寻,教师专业发展之路

十年教学变革:借用学历案促进教师专业发展
　　——以杭州市拱宸教育集团为例 ················· 郑明华 3

第二部分　听,我们的心路历程

历览课堂,觅得新意 ································· 王　华 19
思"学历"案,做专业事 ······························ 叶思宇 27
转换立场,以"学"促教 ······························ 许　阳 33
我们同舟共济,砥砺前行 ···························· 顾娇娇 38
在磨砺中蜕变 ····································· 杜　鹃 43
拨开云雾见曙光 ··································· 杨敏丽 50
多维作业评价,助力"真学习" ······················· 许佳男 57
拨云见日的生物课 ································· 叶启梦 63
"历"中有道　行则将至 ····························· 李添文 69
自我"铸魂、塑形、赋能" ····························· 黄芳芳 74
化"复"为"深",绽放光彩 ···························· 吴文萍 78

第三部分　看,初中学历案精选

事物性说明文专题阅读 ···························· 王　华 85
渔家傲·天接云涛连晓雾 ··························· 苏　翔 98

一元一次不等式	魏正明	105
有理数的乘方	杨敏丽	109
利用轴对称求最短路线	沈　程	115
Will people have robots?	许佳男	121
电荷与电流	叶思宇	126
熔化与凝固	杜　鹃	132
力的存在	杜　鹃	139
抽屉柜安全性的研究	郑　燕	144
物质在水中的分散状况	黄芳芳	150
探究碱式碳酸铝镁的组成	吴文萍	156
质量守恒定律	顾娇娇	162
植物的感应性	吴文萍	169
地球表面的板块	宋华东	177
鸦片战争	许　阳	182
日光之城——拉萨	李添文	188
排球——移动垫球	程　宇	193

第一部分
寻,教师专业发展之路

十年教学变革:借用学历案促进教师专业发展

——以杭州市拱宸教育集团为例

郑明华

众所周知,"以学生的成长与发展为核心、重视促进学生有效学习的实践技能、强调专业反思与终生学习的能力,注重专业能力的养成"等这些都是教师专业发展的核心要素。如何促进教师的专业发展,从而提高教育教学质量,成为近几十年来教育领域最热门的话题。不仅国际组织强调教师专业发展至关重要,我国政府也采取相应的积极措施,以推动教师专业发展。例如《浙江省中长期教育改革和发展规划纲要(2010—2020年)》中指出,加强教师队伍建设,强化教师在提高质量中的突出作用,不断提高师德和执教能力。2014年3月30日教育部出台《教育部关于全面深化课程改革落实立德树人根本任务的意见》,将立德树人作为教育的根本任务。2016年教育部提出"核心素养",即学生在接受相应学段教育过程中,逐步形成的适应个人终身发展和社会发展需要的必备品格与关键能力。这些共识和一些相关政策相继出台,不仅使学校面临前所未有的挑战,也深深影响着我们身边的教师对专业的理解,帮助教师对自身专业发展的把握,同时也是教师专业发展的指路明灯。

杭州市拱宸中学建校于1957年,十二年前是拱墅区运河边的一所老牌公办初中。生源差异大,当时学校接纳了来自全国各地的1300多名学生,33个教学班,120名教职员工。2010年7月3日,我意外接到通知,只身一人前来受命,担任校长至今。那时正是学校绩效工资改革初期,教师新旧观念冲突严重,教学成绩滑坡,学校办学思想跟不上时代发展的脚步。很多教师忙于应付繁重的教学任务,缺乏对问题的发现意识与深度思考。这样的局面迫使我和我的同事重新思考,学校办学的核心质量观到底应该是什么?经几上几下对相关政策文件的研究和到先进学校外出参观学习,最后我们重树学校的办学质量观,即"学生的成长就是质量,教师的成长就是质量,学校的发展就是质量"。作为校长,把"成长学生,成全教师,成就学校"作为自己的使命。因此,当时基于学校教师的实际现状,学校就确定了一个"聚焦教学反思,转变教师观念"的研究课题,遵循"提升理念→优化设计→课堂实践→反思改进"实践路径,把学生的发展和未来作为学校教师行进的原动力,提高课堂效率作为教学的主抓手,教师理念的转变作为教师专业发展的攻坚。只有激发内在积极性,让教师能从容、自觉地变革,学校才能一片姹紫嫣红。这是在过去10年中学校教学变革的起始步。

一、研修教学反思,转变教师观念

2011年初,设立课题《深度探究小问题 引导教学行为渐变——基于"教学反思文稿"的教师反思活动的设计与实践》。通过"教学反思文稿"这一载体,变革教师的研修内容和活动形式,从本质上改变教师对教学的态度,提升学校教育生活的品质。首先设计了以学期为单位的"教学反思文稿",进行了三个学期的全校范围的推行,并进行了深度解读。其次实施了三方面的手段:专家介入——提升问题和反思的研究水平,过程共享——问题和反思成为思想共同体的平台,制度保障——使问题和反思成为日常教学规范。

在此期间,部分教师反思:"在解决自认为简单的问题时学生为什么还是经常出错?学生对问题的反馈为什么和自己的教学预设不吻合?"恰逢2011年拱墅区全面启动"高效课堂"改革,我校以"导学案"为载体,解决预设与课堂实践不吻合问题,关注"学生学习",提高课堂效率。首先理论培训贯穿始终,遵循"专家领航→备课组落实→教师研讨"的学习路径。随后课堂实践,分为三步走。第一步:常态课精心编写,关注使用;第二步:导学课典型课引领;第三步:省市区专家把脉。自高效课堂教学改革两年多以来,累计已有50多名教师、140多人次开设了省市区校各级高效课堂。其中语文教研组长孙叶花老师登上浙派名师课堂展示舞台,参加浙派名师高效课堂示范课;年轻的科学老师吴文萍,代表拱墅区青年教师展示了一节大杭州市的新教材研究课。

二、推进作业改革,关注评价设计

通过"教学反思文稿"和"导学案"的实践,"以学定教""学为中心"的教育理念初入人心,校本研修模式有了抓手,学校教学管理得到优化。同时又发现,因教辅资料征订随意,多本作业本资源浪费现象严重;购买的作业本与课堂教学目标不匹配;教师为自己深陷繁重的作业批改中而焦躁。于是,推进作业的变革,让作业变得有意义,成了学校团队教学改革的第二步。

基于此,2013年编制"绿色作业本"的教学变革行动又开始了。这一年,我们将学校的校本研修的主题定为"群本绿色作业的设计与研究",意在减去过重的作业负担,助推教育公平。各学科组根据课程标准要求,设计出形式多样、学生乐于接受的"有效绿色作业"模板:语文学科通过大阅读,提升学生的语文能力,确定了"阅读作业"的模板;数学学科明晰学情差异和编写意图,展示了"体现层级特点"的学科行动方案,提出"事前实名制、编写匿名制"的操作性强的作业编制方案;英语学科设计了有笔头作业、口头作业两种形式的"单元提高配套阅读作业";科学以"课堂研究、中考考纲、作业编制"为着力点,设置了基础达标与拓展提高双层次的新课作业和解题技巧与反馈练习统筹结合的复习课作业模板。专家深入各学科组的讨论中,原拱墅区教育局局长张云雷与原杭州市教研室主任曹宝龙参加并评析了科学组的讨论,表示"教者用心,学者得益"。"绿色作业"的推进,创设了有效的设计氛围,促使教师关注作业是否与课标匹配,关注如何进行有效的评价,关注每一个学生的成长。

2014年,在前期研究的基础上不断优化和增效,提出相对应的对策,形成合理的作业机制。除了作业设计,学校从上到下逐渐关注"作业的管理",即作业的一次批改与二次批改。比起以往,在作业管理上,更加强调一次批改求精,二次批改求实效。在作业的二次批改中学校倡导各种个性化批改,比如黄康华老师独创的"封面的作业登记表管理模式",钱东霞老师独创的"师生合作互助管理模式",薛松宝老师独创的"彩色标识管理模式"。2017年这些成功经验在浙江省教学改革会议上代表拱墅区做经验介绍,获得与会专家领导的一致肯定。

三、聚焦学生主体,重构课程体系

2015年3月浙江省教育厅发布《关于深化义务教育课程改革的指导意

见》(以下简称《意见》),《意见》指出:义务教育各学段,要进一步完善课程体系,加强课程建设,创新教学方法,改进教育评价。即省厅要求义务段学校要以培养学生核心素养为基点,每一所学校要提供给学生丰富的基础性课程和拓展性课程;一方面满足学生多元智能发展的需要,另一个方面关注不同学生个性化需求,让每位学生都得到充分的发展。我校积极回应省厅的课程改革要求,2015年学校成立课程部,非常幸运遇见了华东师范大学课程与教学研究所所长崔允漷教授,在崔允漷教授的精心指导下,我校高质量完成了学校课程规划方案的顶层设计,在梳理学校原有的课程基础上,重构"宸星"课程体系(如图1)。学校进一步提炼了"星之所在,皆是光彩"的核心价值思想,以"努力开发每一位学生的潜能,促进学生差异发展"为教育理念。学校教育较以前更关注学生个体差异的存在,把目光着眼于学生未来的发展上,尽力给每个学生提供适合的教育。学校的办学品质迅速得到提升。

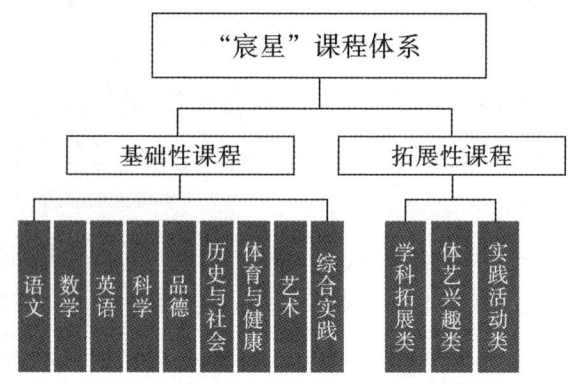

图1 杭州市拱宸中学"宸星"课程体系

2017年1月,我撰写的《繁星满天,发现更闪亮的自己》一文,详细介绍学校课程建设的新样态,发表于《教育家》杂志上。

新时期,为了促进学生全面而个性地成长,就需要建设新课程,而新课程的实施急需解决课时紧张问题。在不增加周总课时前提下,就是让学生在完成国家基础性课程学习的同时,有精力参与拓展性课程学习,满足个性成长的需求,这是学校教学面临新的挑战。我们意识到对于学校,变革应是常态,教育才有出路。

作为拱墅区首批课程改革种子成员校的我们,有幸聆听了崔教授关于国家基础性课程如何有效实施的专题讲座,这场报告用时三小时,崔教授用他独特的专业视角和专业精神,深深打动了会场学习的教研员和老师们。我和我们的学科骨干教师第一次听崔允漷教授提出了"学历案"这个新词。从关注"教"到关注学生的"学"等,这些说法很新,很有趣!这些方法看起来很专业,好像会呈现课堂新的样态,对学生的学习会产生新的学习体验⋯⋯很多在座老师的想法不约而同从心底冒出来。我回到学校,马上召集各学科骨干教师,果断地说:"我们有要改变现状,为什么不尝试一下学历案呢?"之后,学校就有了学历案核心研究小组,从几个人,到一群人;从起步的各种稚嫩,到尝试中碰到瓶颈止步不前,进而寻求华东师范大学专业指导,以及学校主动向外寻求理论和实践的学习机会,是我和我的同事迈出教学变革最为关键、最有收获的一步。

四、深化学为中心,开启学历案模式

我国基础教育课程目标,从"双基"到"三维目标"再到"核心素养",逐步提升。"核心素养"的最大特质就在于"真实性"。学生在"真学习"中获得"真学力"和"真评价"。

在学历案产生之前,我校相继经历了学案、导学案等教学方案,各有缺陷。"学案",是学生用的学习方案,关注的是学生怎样学,但是课堂中因为缺少了教师的"教",课堂评价缺失,影响了学生批判性思维的生成。"导学案",将自学环节前移,课堂中学生的学与老师的教容量均等,但学习活动能否落实学习目标未知,且教学评价缺失。原本的课堂模式,教师都在"教学活动"环节花尽心思,而教学目标则是照着教参抄一抄。学生并不知道这节课老师想要教哪些内容,怎样才算学会。

学历案课堂,以学习者为中心,重视真实性教学,形成学习共同体协同式解决问题。实现"教、学、评一致性",实现学生在课堂里的深度学习,从而让每一位学生都能在课堂中找到自己的位置,在课程学习中绽放光彩。该模式下的课堂评价任务精准地指向学习目标,在每一节课堂中,学生都能带

着"目标"去学,学生可通过评价任务和学后反思进行自我评价。评价不是判定学生的"过去",而是给予其"未来"方向和希望。

对于我们来说,开启学历案并非从零开始。2010年开启"导学案"课堂模式,打开了教师的眼界,转变了教育观念,实现从"教"转向"学"的转型。2013年编制"绿色作业本",精准对照课程标准,建立评价指向目标的教学理念。这些都为开启学历案奠定了基础,遇见学历案是我们的幸运,能够实践学历案却并非偶然。学校为了进一步促进国家课程校本化的有效实施,开启了以学历案为载体的初中课堂教学转型的探索。

我校自2017年实践和推行学历案的过程,主要可以分为四个阶段。第一阶段,理论学习,普及观念。该阶段教师初步对学历案的设计理念有所了解。第二阶段,骨干先行,尝试撰写。骨干教师在专家的指导下,先开始尝试撰写,深入研究学历案的课堂模式。第三阶段,深入课堂,优化模式。实践见真知,将精心编制的学历案实践课堂,摸索适合我校学情的学历案设计方案。第四阶段,普及推广,课堂均衡。该阶段我校45岁以下教师都以多次实践学历案,大家达成一致观念,多学科齐开展学历案,促进课堂均衡。这四年,从教师开始转变观点,到课堂的翻转,通过学历案落实核心素养,教师和学生成为学习共同体,互促互进。

(一)理论学习,普及观念

2017年的时候,我校教师年龄还是偏大,科研能力较强的硕士研究生还比较少,评完了高级职称的老教师也不愿意"动起来",新入职的年轻教师由于缺乏对课标、教材的熟悉,所以老教师和新教师都不是第一批课改教师的首选。

一项改革要从全校各个学科组铺开进行全面课改是有很大难度的,我们学校先从这数学、科学两个理科入手,尝试在两个组里挑选几位学习能力强的年轻教师加入课改队伍。

从2017年初开始接触学历案,主要通过专家讲座、组本培训、自主阅读等方式普及学历案的基本理念,达成了思想共识。元济高级中学胡水林校长来校进行《学历案:课堂教学深度转型的载体设计与实施》专家讲座。教师主要阅读《学历案设计与应用》(世界知识出版社,张仁贤总主编)、《学历案与深度学习》(华东师范大学出版社,尤小平主编)、《教了不等于学会了,学校如何发展课程》(华东师范大学出版社,张菊荣、周建国主编)等书。

(二) 骨干先行,尝试撰写

到2018年,这项改革全面铺开,先成立了以郑明华校长为引领,多名骨干教师组成的学历案核心小组,六大学科的先锋教师开始尝试编制学历案。核心小组(当时13位)主要由这些成员(如图2)组成:郑明华校长(总负责人);促进教师发展中心主任(总规划)、课程与教学中心主任(总执行);教研组长(分组执行与组内统筹);骨干教师(具体实施)。

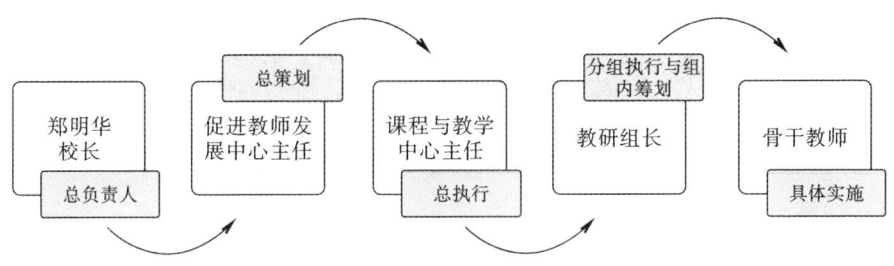

图2 学历案核心小组组织架构图

在这一个阶段,学校曾邀请崔允漷教授以及推广学历案已经取得了一定成效的元济高中的骨干教师来我校,对我们编制的学历案进行了多次指导,帮助我校学历案的编制逐步完善。

本阶段学历案的撰写主要遵循"编制初稿→专家指导→反思修改→成果分享"的实践路径,学历案核心小组成员先尝试编制学历案,交由崔教授团队进行指导,根据修改意见进行修改,在此期间元济高中骨干教师助力指导,反复几次修改后,教师对学历案的模式基本知晓并熟悉。

(三) 深入课堂,优化模式

核心小组的力量还是太少,我们就考虑把学历案加入到校本研修中,让每个老师都熟悉、学习起来,这样,全校的课改才能更进一步。2018年,我校将学历案融入校本研修的主题中,并把当年的校本研修题目定为"基于学历案的课堂教学优化",实际上2017年我们的校本研修主题也是学历案,主要侧重于运用学历案的课堂教学改进。这样一来,也就让全校教师都"浸"在学历案的课堂中,让每个组、每个老师都尽可能动起来。

通过校本研修进行全员学历案培训是一个方面,另一方面,核心小组成员在这个阶段仍然是"领头雁",他们肩负着个体学习和带动学科组一起学习的双重使命,所以他们日复一日的课堂实践也是必不可少。2018年11月开始,核心小组成员教师先行,开始尝试学历案的课堂实施。先从"新授课"入手,再向"多课型"发展。

在实践"新授课"的过程中,我们采取"个人同课多次实践"的课例研究模式,通过图示七个步骤开展(如图3)。过程中,核心小组的全体成员和授课教师一起全程参与一节课的学历案编撰和实践。第一步,授课老师"课前准备"好学历案;第二步,进行初次"课堂实践",课堂中教师根据课堂实况"对照预设",听课教师根据"课堂观测量表"进行"课堂观察";第三步,课后集体"评价研讨",进行反思改进;第四步,再次实践,对比观察;第五步,讨论与第一次相比,此次的优缺点,针对关键处进行评议;第六步,开设展示课,展示优势,捕捉亮点;第七步,总结全过程,进行课例撰写。课堂实践、课后反思,核心小组的成员和授课教师都各有不同的分工,凝聚集体的智慧,共同打造一节指向素养的优质课。2019年1月,郑明华校长应邀参加全国第三届教师专业发展学术会议,并在校长论坛上,与会者分享学校以学历案研究为载体,开展促进初中课堂教学转型的实践探索,与会人员反响热烈。

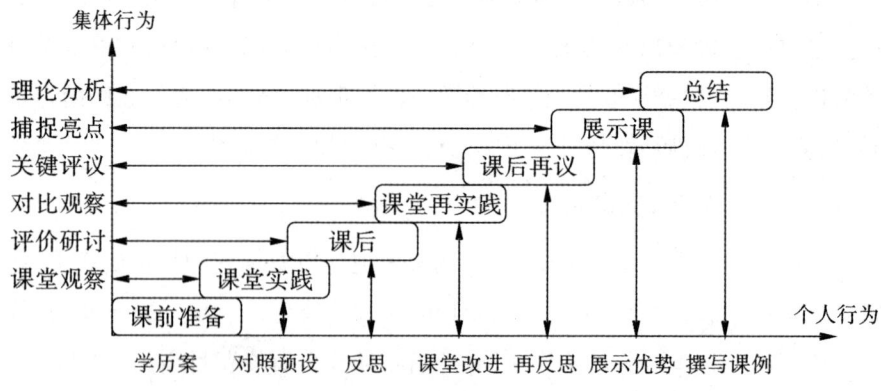

图3 "个人同课多次实践"的课例研究模式

这个过程也加深了教师对"教、学、评一致性"的理解和认同,坚定了我们要用好学历案的决心。2019年12月,华师大课程研究所的崔允漷教授,王少飞教授等一行专家莅临我校,参与拱宸中学"学历案与核心素养"的主题研讨交流会。科学组叶思宇老师开设的展示课得到了一致的好评。

在这个阶段,越来越多的老师参与到学历案课堂中,老师们的论文和课题研究也都在学校大课题下做着,很多老师的科研成果也都在区、市、省获奖,这也让老师们更加有积极性了。2020年12月,我带领学校学历案研究团队参加2020年拱墅区第二届"运河之声"课程教学节开幕式暨"基于学历案的课堂变革"研讨活动,并开设专场主旨报告和课堂现场展示。科学组是学校多年来各学科学历案研究与实践的一个缩影,因此科学教研组作为全区推进课堂教学改革的先进团队,全组老师齐力奋进,被评选为拱墅区第二届中小学优秀教研组。

由于我校是拱墅区连续两轮课改提升工程的基地学校,校长带领学校学历案核心研究团队持续致力于学历案课堂的研究与实践,关于学历案的研究成果《统整·精准·联动:学历案模式下"宸星课堂"(STAR)的开发与实施》获得2020年杭州市教研课题成果二等奖。学历案课堂带给老师和学生的转变是显著的,2019学年以学历案为载体的校本研修获得拱墅区校本研修考核一等奖。

(四)普及推广,课堂均衡

在核心团队的引领下,我校45周岁以下的教师都能够以学历案为载体组织课堂教学。越来越多的老师参与学历案教学,已逐渐向常态课普及。2020年下半年开始,我校学历案课堂迈向了学校课改的4.0版本,课堂教学需要始终秉持"优质均衡"的发展理念,"让每一位学生都能获得优质的课堂的资源,努力开发每一位学生的潜能"是本阶段研究的方向。

这一阶段我们从两个路径开展学历案课堂推进:课堂均衡和校内专家指导(如图4),进行实践推广。"课堂均衡",即每个学科在同一年级全面铺开,形成均衡态势;"校内专家针对性指导",则是借助与本校名师、优师、研究力强的骨干教师为核心的专家团队进行便捷式、针对式指导,在最有效的时间与空间内帮助组内教师充分学习。如图4所示,这是一个有效的、有序的、生态的实践方法,"课堂均衡"牵动着每一位"宸星学子",结合宸星学子课程中的各种表现,"校内专家针对性指导"授课教师,继续带动着课堂的优质均衡发展。

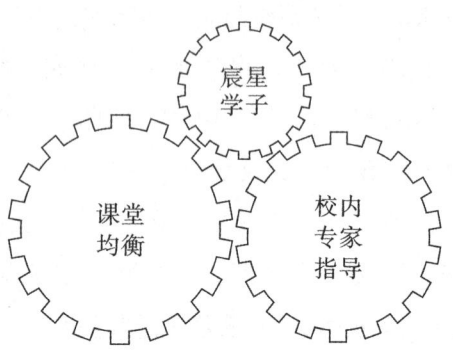

图4 学历案普及推广实践方法

五、学历案区域推进的实践成果

在这几年里,我们开展了一系列颇具特色和实效的"学历案课堂"研究行动,也是不遗余力地在校内外进行学历案的引领辐射,取得了许多成效。

(一)打造研究精进的教师团队,促进学习共同体的真实发生

"学历案课堂"促进教师"三大能力"的提高,即教学设计能力、教学执行能力、课堂评价能力。有效促使教师在备课中更加重视三维目标的整合设计,运用逆向思维有效设计评价任务,为实现"教、学、评一致性"提供了实践的路径。

首先,学历案课堂研究,提高教师设计新教学方案的能力。教师明确了"学历案"的设计理念,知晓了指向核心素养的课堂学习方案应该如何编撰,目光不再是仅仅盯着"知识",而是学会站在高位,为孩子们规划素养目标,设计适应未来的学科能力。编撰过程中更加关注从课标和学情入手,设计匹配的学习目标,适切的学习任务和评价任务。很多教师编写一份学历案,绞尽脑汁,反反复复改了好几稿。蜕变是痛苦的,但结果是美丽的。其次是

提高教师执行新教学方案的能力。问题引领,评价驱动。教师需要研究如何在课堂内设置更多的"真实情境",学生在任务的驱动下,自主地"真学习"和"真探究"。在课堂中运用这份学历案,我们的课堂才真正"活"起来。教师在课堂中虽然讲得少了,但是对课堂的把控力更强了。目标聚焦到如何更加有效地引导学生突破思维难点,如何将学生学历案中呈现的结果有效解决。看似更加简单的课堂背后,是教师教学功底的提升。同时,提高教师评价课堂及学生的能力。学历案能够帮助学生科学建立自己的学习档案。在课堂学习中,学生对学习的产生、过程、检查、诊断、纠正等学习活动进行记录,对采集资料加以归纳、整理、综合分析。每门学科的"学历案"必须以单元为单位,依序编号。学生自主建构的知识以及在学习过程中的收获。学生一节课后,会遗忘很多,现在老师提供给学生课堂预习、课中学习以及课后检测学习的"学历案",这是一个很有体系的资料集。

(二)构建目标精准的课堂模式,提升学生适应未来的三大能力

课堂模式的转型出发点都是"为了每一个孩子的全面发展"。学历案课堂的应运而生也正因为如此。原本的课堂已经不再适应现有的"21世纪知识型和信息型"的时代,知识和信息的快速发展,学生获取知识的途径众多,"知识本位"的课堂对学生的来说已不是最需要的,现在和未来的时代更需要能够解决实际问题,迁移和运用知识的能力。"素养本位"的课堂是学生急需的。

经过三年的实践,学历案课堂下的学生素养能力也在不断提升。首先,认知探究能力提高。学生渐渐从"虚假学习"转变为"真学习",这个过程中得力于学历案中学习任务和评价任务环环匹配。学生一步一步地学,扎扎实实地学,暴露学习短板,跟进相应对策。学生学得轻松,学得积极。每个学生拿到一份"认知地图",就能根据这份地图按图索骥,找到一堂课的知识线索与脉络,不再是跟着老师走,而是按着自己的节奏和能力,跟着小伙伴一起走,最终达成学习目标。其次,加强了自主合作能力。学历案的课堂借助同伴的力量,小组合作和互助学习是常态。组内自主,组间独立;组内合作,组间联通;组内探讨,组间辩论。在这样的团队协作氛围内,大家齐心,学习变得更加有滋有味。学生从课堂的参与者变为课堂的主导者和设计者,知识变得更有温度。随之,知识建构能力的提升。大单元、大概念的教学,使知识不再是细碎零散的;真实情境的嵌入,使知识不再是冰冷无用的。

教师自上而下地设计统整大单元知识概念,学生逐渐理解并懂得知识的建构方式,并得以运用。学历案的设计,使学生明白知识"从何而来""为何而来""何去何从";知识框架也不再是简单的知识罗列,而是含有逻辑、应用等素养能力的建构大厦。

(三)探索"教、学、评一致"的课改经验,推动"宸星教育"品牌发展

我们从接触学历案以来,通过校本培训项目的普及与深入,学校教师全面尝试以学历案为主要课堂教学设计。我们实现"课堂实践"与"科研思考"两手抓的目标,以学历案项目为指导,成功立项2019年杭州市教研课题《基于学历案的初中课堂教学设计与实践》。课题组成员涵盖校长、教导处、教科室、各学科教研组长(5人)及各学科骨干教师(5人)共13人,学科教研组长和骨干教师先精通,再组内辐射普及,为实现全领导力的课堂实践做好准备。在校级、区级、市级的课堂比赛中,我们都以学历案为抓手的"教、学、评一致性"的理念来进行课堂教学。学校对三年内新教师的培训,要求他们的汇报课均以学历案为载体进行设计,均获好评。

我校从2017年6月以来,先后开展了20次学历案模式下的课堂论坛。这既是我校在课程建设中不断前行的见证,更是师生汲取前沿教育理念的一次成长(见表1)。学校的学历案模式课堂,已经成为学校的一张金名片,在区域内成为课堂改革的领衔品牌,并在区域外得到同行的高度好评,许多学校纷纷来校学习,这也是对学校课堂改革的一种高度认可。

表1　我校学历案实践成果辐射范围

辐射范围	具体事件
杭州市拱墅区	（1）2018.11,主办"学历案"课堂教学改革成果实践活动 （2）2019.3,初中学历案"多课型"教学研讨 （3）2019.5,以"学历案"为载体的初三科学复习展示课 （4）2019.11,郑明华校长参加并专场报告,第一届"运河之声"课程教学节 （5）2019.12,华东师范大学课程与教学研究所所长崔允漷教授、王少非教授、雷浩副教授一行专家莅临我校指导。拱墅区教育研究院沈旭东院长、何丽红院长带领众教研员一起参与了全程活动 （6）2020.1科学组做专场汇报和现场课堂展示,第二节"运河之声"课程教学节
其他省、市	（1）2019.3.29,温州瓯海梧田一中骨干教师和桐庐某初中骨干教师前来交流 （2）2019.5.24,郑州市第五十二中骨干教师前来交流探讨 （3）2021.4.22,丽水缙云县44位初中科学骨干教师前来学习
全国	（1）2018.10.30,杜鹃老师应邀在"首届全国课堂教学研讨会"进行学历案说课展示 （2）2019.1,郑明华校长应邀参加全国第三届教师专业发展学术会议,并在校长论坛上,与会者分享学校以学历案研究为载体,开展促进初中课堂教学转型的实践探索

在开发与实施的过程中,确实看到了令人欣喜的一面,尤其是我们的教师在专业发展上得到了巨大的提升。首先对教师提出了较高的要求:需要具备能够统领更高格局的知识框架体系的能力,与此同时,对原有教材进行大概念式的重组,这既是挑战,又是提升自我的最好途径,唯有在实践中才能发现迫切需要解决的问题。

在我们的课堂里,"参与学习"已不再是学生的专属动作,我们的教师也需要参与学习,参与到大单元的资料整理中,将自我经验与课本经验进一步组合起来。教师也需要在课堂中与学生发生互动,发展对教育探究本质的理解。

  学历案课堂模式下的教学实践,是学校为了满足学生的发展需要,让孩子们获得全面发展的教学改革的探索,新时代的曙光带来了中国教育教学改革的春风,我校与全国同行一道,一直在寻找教学改革的抓手,不断深化探索,从热衷于课堂教学形式上的求新求异,到繁华喧嚣之后的理性思考,孜孜不倦。

第二部分

听，我们的心路历程

历览课堂，觅得新意

王 华

2016年9月，在杭州市拱墅区进修学校报告厅，华东师范大学课程研究所所长崔允漷教授，用极富感染力和说服力的演讲，提出了一个新的名词"学历案"，深深打动了会场学习的老师们。学校的课程实施，是以发展学生的核心素养为目标，关注教师专业化发展。拱宸中学郑明华校长果断地说："我们有要改变现状的想法，为什么不尝试一下呢？"校长带队下，拱宸中学课程部成立，学校学历案核心小组组建，从几个人，到一群人；从华东师范大学课程研究所专家们的面对面指导，到学校主动向外寻求理论和实践的学习机会。几年来，我们坚持下来，也会继续尝试。对于学历案下语文大单元整体教学，我记录了一些心路历程。

顺其自然 VS 因势象形

王夫之在《四书训义》中说："教者顺其性之所近以深造之，各如其量而可矣。"意思是教者要顺应学生的天性，不必过多指导。

然而，在没有教师合理指导的情况下，学生阅读说明文课文的原始状态，是偏向迷糊的。部编语文教材的编排上，八年级上第五单元，有四篇独立的说明文，是初中阶段学生正式接触说明文的起始课文。学生在生活中经常能见到说明文类文体，如说明书、说明类小文章等。这类文体不难读懂，但是这并不意味着学生能迅速在这类文体里掌握基本信息，学生也没有具备正确规范地运用这类文体的能力。以往教学，可能更多的是按照教材的编排，依次教学每一篇课文。学生学完四篇课文，就认为这个单元已经完成结束。知识的习得，不代表能力的达成。上课过程中会出现一些问题：一个单元学完，学生没有弄明白要实现哪些学习目标，哪些目标是已经完成的；上课时部分学生被动地跟着老师，自己思考探究得少；课堂评价往往在课的最后部分，评价指向较模糊。

【案例:回溯学生阅读说明文单元课文场景】

铃响,翻书,阅读。

我布置了一个任务:阅读部编语文八年级课本第五单元说明文单元课文。在学生安静的阅读中,我走过他们书桌看他们究竟是怎么阅读这个单元四篇课文的。一览之下,按课文顺序默读,多人;翻了第一篇但没多久就迅速往下一篇看去的,数人;从一个单元最后一篇往前翻的,亦有。一个班整整齐齐很认真在阅读,只是几分钟后学生真正能低头进入到书本的很少。抬头观望一下老师的有,东张西望的有,哗一下把书从头一翻到尾又一翻到头的有,种种姿态告诉我:老师,我看不下去。

传统的语文课堂,我更多的是按照教参和教材设定教学目标,设置教学环节。上课的过程中,如果遇到学生感兴趣的地方,就会多讲点,如果发现学生没有兴趣或者一下子就能掌握知识,会比较快切入下一教学环节。顺,是顺了学生;但是,教师没有明确的"目标意识",缺少对于一个知识点"整体教学"的功效。学历案的课堂模式,是既顺着学生,又往一个更为科学高效以及专业的方向发展。

现在,以学历案为抓手,进行单元整体教学的思路上课,即将四篇文章归类整合成一个主题单元,把语文核心素养融入整个教学过程,在教学目标、教学活动、任务评价三个方面进行一些尝试,意在能帮助学生更好地学习这一单元说明文文体。

聚散为整,我们一起搭"变形金刚"

刚开始整学历案文本,对于"学习目标的课时"安排,很是困惑,因为"语文教学参考"给出的都是单篇课时教学建议;而学历案模式是一个单元成为一个整体。在思考和修改中,我逐渐明确,课时的安排需要以"学习目标"为基准。

学习目标的制定,是为了减少机械重复的设置,让每一个"点"承担起特定的任务。传统说明文教学是按书本编排顺序一篇篇上,每篇课文教师都会设置说明文相关的教学目标。在教师求全意识下,这些课时目标,基本相仿无大差别,力求每个说明文知识点和技能在每篇课文里落实。现在,在单元整体设计的基础上,大单元教学目标先定位,接下去每个小课时目标在全局中找到自己适合且特定的位置。每个小目标,本身的内容和它自身在全局中的作用,可以一目了然。整体单元目标设置,即每一个独立的小课时目标最后组成大的单元整体目标,达成"聚散为整"的效果。即,我们将数个"小机器人",分别变成头部、手部、身体、腿部,组合成一个"超级变形金刚"。

单元整体教学目标,是将学科核心素养与"三维目标"整合提升。这个是"超级变形金刚",体积最大,功能最强。部编初中语文教材,八年级上和八年级下都设置了说明文单元。教材本身单元教学侧重点非常明确,八年级上侧重事物性说明文,八年级下侧重事理性说明文。例如,设置课时目标为"借助这个主题单元已习得的知识,分析比较《中国石拱桥》《苏州园林》,试着用简洁平实的语言改编《梦回繁华》第三自然段",意在将语文核心素养中"语言建构和运用"与课程标准、部编教材教学参考有机融合。完成"学生在丰富的语言实践中,梳理和整合,掌握说明文的特点及其运用规律,形成学生说明文有效运用的能力"。

搭建单元整体教学目标和分课时目标的内在联系。每一个小课时的教学目标,承担整体教学中部分特定任务,减少单元内课时目标之间的简单重复。目标指向明确,分工明确。从起始课时到"整合与提升"课时,合理规划每个小目标。在单元目标定位清晰的基础上,每节课的小目标是整体目标的分解。学生每节课有所得,切实达成这一节课的学习目标。教学目标环环相扣,教师让学生在循序渐进的学习过程中,达成整个单元的学习目标。

按图索骥 VS 伐竹取道

一个不成熟的旅行,导游会给明确的地图,然后大家走吧,每一个目标点就在那里,大家直奔目标。坐飞机、开火车、骑自行车,反正你到那里就行。至于沿途的风景是否错过,没有关系。

以前上课,我也很重视目标的达成,为了这个"极为重要的职责",我会按照上课的时间,随时"快进"。因为很理所当然地认为,我必须在预设时间内走到终点。其实,在真实的教学中,有时为了这个目的,我会在后面赶着、推着学生向前,就是催催催、赶赶赶。然后长长吁口气:"我终于教完啦!"

现在,在学历案课堂的背景下,说明文单元的四篇课文,成为一张完整的地图。其中每一课,都有闪着光的星星记号,我们要走完地图,我们也要"历览"全部的风景。我开始重视学生在真实情境下知识习得和运用,使学生的能力从最初的"按图索骥",逐步达成自主"伐竹取道"。我们有地图,学生不怕迷路,学生有了开拓地图的能力,学生真正学会了学习。

首先,合理设置一个大任务,统领整个单元的学习。任务能激发学生自主学习的动力,呈现真实情景下学生对说明文知识的习得和运用。

其次,凸现每篇说明文课文内知识点的关联和比较。教学活动的设置以"学"为中心,让学生在大量自主探究和学习中,循序渐进地了解和掌握知识。活动给足学生台阶,提供学生一步步走到课堂教学的目标点。八年级上课文重点是事物性说明文,教学活动体现了学生在习得知识的过程中对知识的消化和吸收的程度,学生能够辨别并归纳出说明文的各类知识,包括说明方法、说明顺序、说明文词语运用、说明文语体风格等。

最后,教学活动能综合体现学生知识在现有或未来真实情境下的运用。教学要让语文回归生活,让语文成为一种有温度的学习和运用。在平时生活中,如果学生足够细心去体验和观察生活,会产生辨别之思:拿到药品的说明书,看到一个书桌的安装说明,这些文本和精彩活泼的广告小文的差异在哪里。把比起小说、诗歌显得较为不受"宠"的说明文,变成学生觉得,"这类文章,也很有意义,好看的"。

我是谁 VS 我要去哪里

曾经,我认为在教学中,能设计出生动有趣、有意义的题目,是一种水平。只是,题目本身好,真的是好题吗?学生,在学校学习很多课程,在每一门课程中,学生是具备了不同的"学习水平",每一门课程"旅行的目的"也应该是有所区别。"我"是谁?"我"要去哪里?

【案例】

汴河上有一座规模宏伟的拱桥,其桥无柱,以巨木虚架而成,结构精美,宛如飞虹。桥的两端紧连着街市,车水马龙,热闹非凡。一艘准备驶过拱桥的巨大漕船的细节描绘,一直为人们所称道:船正在放倒桅杆准备过桥,船夫们呼唤叫喊,握篙盘索,桥上呼应相接,岸边挥臂助阵,过往行人聚集在桥头围观,而那些赶脚、推车、挑担的人们却无暇一顾,这紧张的一幕成为全画的一个高潮。(《梦回繁华》八上教材)

这段文字和这张图片来自八年级上语文课本。课后,教师布置了以下问题作为作业。

1. 图中骆驼驮着大包小包,你猜测一下,这支驼队来自何方?

2. 据史料记载,当时,车、马、轿都可租赁,这说明了什么问题?

3. 从《清明上河图》中,你还能看到哪些生活场景?其中哪些生活场所或生活习俗仍然保持到现在?哪些已消逝?

学生对这些问题很感兴趣,有猜谜的快乐,有逻辑推理的训练,也有查找信息的收集和加工。请问,它们是好问题?是好作业?

以上呈现的三个问题,出自八年级上《历史与社会》课本。它们是经过专家论证,教育部审核通过的,当然是好题目!但是,这几个"好"题目,并不是"语文学科"的匹配的好题目,它们是八年级社会学科的"好题目"。

回到我们作业设计的本源,学历案课堂下,作业要匹配语文学科的教学目标和学生的学习过程。从"教、学、评一致性"原则来看,好问题并不等同于好作业。现在,我们教学的是初中语文课,所以设作业设计的方向应该是这样的。

八年级《语文》课本的要求:

1. 梳理本文的说明顺序,理解作者的写作思路。

《清明上河图》是一幅内容丰富、内涵深远、技艺高超的画作。想在有限的篇幅内将这幅画说明清楚,讲解到位,就必须安排合适的顺序。教学时要让学生自行梳理说明顺序,并由此概括出写作的思路。还要引导学生理解作者采用这一说明顺序以及安排文章详略的原因。

2. 了解本文主要采用的说明方法,理解作者是怎样恰当地选择和使用说明方法的。

说明方法的教学,重要的不是辨识和罗列,而是要引导学生理解作者为什么要在文章的某一部分使用某种说明方法。所谓说明方法使用得恰当而准确,就在于说明某一事物或事物的某一方面时"最适合"使用某种说明方法。教学时应当重点引导学生理解为什么"最适合"。

《语文教学参考》里的要求:

本文以"梦回繁华"为题,介绍《清明上河图》这一国家级画作,描摹北宋时期繁华的市井风景,丰富了人们对当时社会风貌的认识,激发了人们对古代生活的想象。这幅长卷人物众多,场景复杂,但本文介绍得条理分明、细腻具体,并且挖掘出画面背后的社会历史内涵,堪称难能可贵。

可以先浏览全文,了解主要内容,再细读文中的重点段落。细读时要抓住其中的关键语句,梳理各部分的主要内容,看看作者是按怎样的顺序来说明的。阅读时还要注意作者的遣词造句。大量的四字短语,不仅概括力强,而且使文章的语言典雅而富有韵味。

当我们教学时确定了这些教学目标,设计作业才不会偏离语文作业的范畴。

说明文整体单元教学,在学历案模式下,应该是整个教学评价与教学活动"如影随形",内嵌式评价,让学生有据可循,客观估量,是匹配学生初中语文学科素养的。

评价紧跟每个教学任务,匹配教学目标。做到教到哪一步,学到哪一步,评价就到哪一步。匹配这个教学目标,任务评价可以着重体现亮点:语言清晰有条理,掌握说明文的行文思路;关注到说明文语言严谨性、科学性。以往课堂的教学评价往往放在课堂教学的最后时间段或者课后进行,现在教学评价依据教学活动而生成,哪里需要哪里设置。

评价关注知识的习得和能力的运用,并且注重多元化方式呈现。我们在整体单元设置的模式下,教师要充分考虑教材本身的编排体系,明确学生已有知识结构,理清学生初中阶段的知识结构树。小学阶段在《课程标准》5~6年级中的要求是"阅读说明性文章,能抓住要点,了解文章的基本说明方法。"那么,在初中7~9年级阶段,我们可以按照要求确立学习的重点内容如下:准确区分说明文与记叙文文体;掌握"说明事物要抓住特征"的核心特点;理解并运用常见的说明方法;体会平实性说明文和文艺性说明文语言特色。学生掌握说明语言的准确性、严谨性这个知识点,是初中阶段才开始系统学习,在单元整体教学设计的过程中,可以有在学生已经习得基本知识的基础上,梯度地增加一些趣味性的挑战任务,激发学生自主学习的积极性,增强他们对知识的理解程度。"评价"部分是清晰列出给予学生的,学生完成教学活动时,方向明确、挑战满满。用评价促学生自主寻找、思考、提问、运用,学生从知识习得到转为能力运用有了可循的方向和路径。

教材的每一个篇目都有其独有的价值,教师若能用心地去探寻课内文章篇与篇、知识与知识之间的关联,将单元教学作为教学的路径,就会发现其中更广阔、更灵动的学习世界。

目标设置定位清晰,地图式导航帮助学生认清学习路径和目的地。

说明文单元整体教学设计,类似于一张完整大地图,学科核心素养、学期目标、说明文单元目标、小课时目标有机整合,帮助学生纵观整个学习过程。学生努力的方向心中有数,才能朝着正确的目标前进。一个问题可以分解成许多更小的问题,每个更小的问题都有它们自己解决方案。每个子目标本身是一个问题,但是这些问题越小,我们就越容易找到解决这些问题的方案。蚂蚁前行,看到的是眼前的一小方道路;苍鹰飞行,看到的是全局场景。当下教育是培养有学科素养学生,教师统观全局,将说明文课文中的知识点合理安放,每一个层级的教育目标和自己的常态教学课有机融合,减少机械式重复,是一种规范,也是一种专业素养的体现。

教学活动任务驱动,内化能力促进学生自主学习。

说明文单元整体设计分为五个小课时,由一个大任务统领,每一课时里又有小活动匹配教学目标;每一个活动都有明确的指向,不同的活动之间又有各种关联。整个单元的教学,不落下传统单篇课文教学的知识点,又变得鲜活有趣。学生对于课堂活动有客观的估量,所有教学活动不是随机无目的,而是达成某个目标而进行。学生习得的知识,不再局促于课堂之内,若能达到此知识"放之四海皆可行",不亦乐乎!说明文属于实用性文体,在课堂内,学生觉得知识成为了有温度的东西,能运用于口头,能行文于笔端,能在别的场景中模拟体现。这样就能激发学生课堂的学习动力,让学习活动成为学生自主前行的有效路径。

任务评价及时多元,调整教学节奏帮助学生建构学习体系。

以往教学评价,更多是在课的最后进行"追求何种教育结果决定了我们将评价什么、如何评价。评价是基于学生在人为创设的或自然特定情境中的表现,对学生所知所能进行推断的过程,是如何收集各种证据来支持我们所要做出的关于学生表现的种种推断"。整个单元的教学,都有规范的评价记录。①评价关注知识的习得,包括区分说明文与记叙文文体;掌握"说明事物要抓住特征"的核心特点;理解常见的说明方法;体会平实性说明文和文艺性说明文语言特色。②评价关注能力的运用,包括浏览、精读、略读说明文能力;独立思考能力;说明文写作运用能力。课堂内提供学生教学活动中的记录单,学生就能对照着评价表进行有效活动。以往学生一节课后会遗忘很多,学生的学习记录都散落在笔记本或者书本的字里行间。现在有了专门的记录地方,就能为以后的学习和复习提供很好的依据。任务评价帮助学生自主建构所学的知识,整理自身的理解和学习过程。

说明文单元整体教学设计,是一种课堂教学模式的新探索。不同的路径可以通往同一个目的,让学生学习更主动、更深入,促使学生培养出在未来需要的实际能力。这种探索,希望能够带给师生一些新的体验和收获。"唯天下至诚,能尽其性;能尽其性,则能尽人之性;能尽人之性,则能尽物之性;能尽物之性,则可赞天下之化育。"学历案课堂下的说明文单元教学,让我打破了很多原有的定式思维。解三九围炉,迎立春三候,历览课堂,觅得新意,努力将说明文单元整体课堂变得更加生机盎然。

思"学历"案,做专业事

叶思宇

学生是一群灵动的个体,学习是一个复杂的过程。学历案,将复杂的"学生学习经历"呈现在文本上,不说教,不教条,而是学生的"尽情演绎",这是一件"难事",我们就做这样的"专业事"。

2017年,我来到拱宸中学,开启教育生涯。

2017年,我听见了你——学历案,却不识,以为只是人生过客。

2018年,我不得不要认识你作为被迫的开始,却不知恰是"美好"悄然而至。

忐忑初试,失落无比

在我入职第一年后,有幸参加区里的新苗杯比赛,抽到的课题是"浮力的复习课"。当时我校刚刚开始学习撰写学历案,曾任课程中心张主任说,"你可以试试用学历案上呀!你先写,我请专家帮你修改。"虽然当时的我,根本不懂什么是"学历案",也随声应下。现在回想,当时真是熊心豹子胆呀,欲哭无泪。逞能是要付出代价的,随后的几天准备,痛不欲生。我照葫芦画瓢地写好了"浮力的复习课"学历案的初稿,感觉很简单,就是一个知识点后面加一道习题进行检测就可以啦,这就是很传统的课堂呀,有啥新意?初稿发给主任,修改稿当天就收到,看到满屏审阅批注的我,一脸懵。本以为的简单,却是无知。撸起袖子再干,我逐条一一对照看指导意见:

1. 学习目标与课标对应逐条展开,三维写法。
2. 所写的评价任务是学习任务。
3. 学法建议说出学习本节内容的作用、方法及注意点。
4. 学习任务是指向目标(PO),评价任务是检测目标(DO)。
5. 该选择题(评价任务)不要,可作为小实验,进行分析。

真佩服自己在懵懵懂懂中"乱改一通"。接下来就是磨课,磨课多次,心情一次比一次低落,底气一次比一次不足,如泄气的气球般,课上起来索然无味,让人无比抓狂。比赛的结果可想而知,失落至极,心里埋怨过无数次"学历案",恨之弃之。但是有个疑惑在头脑中挥之不去:学历案的课堂感觉就是讲练结合呀,没什么特别,为什么专家如此推崇,学校想要大力推行?这次失败的经历,让我不愿再触及学历案,虽有疑惑,随风而去吧。

欣喜遇见,豁然开朗

2018年的10月份,我陪同杜鹃老师去北京参加首届全国课堂教学研讨会,研讨会的主题为"促进核心素养发展的学习方式变革"。没想到,这一次的旅程,最大的惊喜和收获就是:遇见了华东师范大学崔允漷教授,听他亲自讲"学历案"。崔教授以"指向学科核心素养的单元设计"为主题,做专题报告。重点探讨了如何确定大单元、如何设计一个单元的学习、如何介入真实的情境与任务三个问题。

我静静地坐在位置上,仰望着崔教授,从前风闻有你,今日就在眼前,那份欣喜难以言表。听着崔教授娓娓道来,渐渐地从激动中走出,被内容深深地吸引,原来这才是"学历案"!以下是我当时记录的笔记,括号里是我当时的恍然大悟。

1. 学科的核心素养内涵:关键能力、必备品格与价值观念。是学科育人的价值体现,是三维目标的整合与提升。(原来这就是为什么学历案中的目标是以三维整合形式呈现的原因。)

2. 教学方案是教师开给学生的学习处方,让学生明白去哪里,怎么去,怎么知道到哪里了。(学历案是学生学习经历的过程,是学生学会的路径。学习目标就是"让学生明白去哪里",学习过程是告诉学生"怎么去",评价任务即"知道到哪里了"。)

3. 单元组织:大观念、大问题、大任务。(需要真实情境和任务进行驱动,使学习有趣有价值。)

头脑中原有的疑惑都迎刃而解。我所理解的讲练结合,是因不明白"评价任务"的作用。评价任务不是简单的习题练习,而是对应学习目标,并能够在真实情景中进行检测的任务。我的第一份学历案"浮力的复习课"中遇到的问题,和头脑中的疑惑都在今日都豁然开朗了。

不畏再试,脱胎换骨

2018年的12月份,接到学校通知,我要准备一节区里学历案展示课。虽然之前去北京的学习,在理论上有所提升和感悟,但是由于初试的失败,这次的我甚是惶恐。路在前方,不前行怎知风景有多美。我选取了假期写的"电荷与电流"的初稿,先进行自我修改。第一次试讲,到现在我仍能清晰记得,郑校长连连摇头说,"这不是学历案,重新改过"。虽然心里痛得很,但是我很敬重郑校长,她总是能发现关键问题所在,全校对学历案理解最透彻的非她莫属。我的成长,离不开她每一次精准到位的点拨,醍醐灌顶。第一次磨课后,我反复思考"怎样的课堂才是学历案的课堂",我拿出与崔教授相关的几本书,反复琢磨。原来将理论落实到真实的学历案文本中是这么的难。经过和科学组里的老师不断讨论和打磨,我渐渐地明白学历案中的"历",是学生的学习经历过程,也就是他的思考过程。学历案难就难在,要为学生搭建好支架,当他经过支架时能够顺利完成任务,反之若支架给予不当或不够,任务就无法完成。

以"电荷与电流"中一个小环节,摩擦起电原理的探究为例,原本最开始的设计是看原子结构图,然后猜测"摩擦起电的原因是什么",然后用课本中的讨论,"玻璃棒与丝绸摩擦,玻璃棒会带正电,丝绸带等量的负电;橡胶棒与毛皮摩擦,毛皮会带正电,橡胶棒则带等量的负电。请你用电子得失的观点解释上述现象"作为评价任务。上课后发现,学生仍然不能理解电子是如何转移的?如何将学生的思维显现化呢?就要剖析微观变化。后改为画出橡皮棒和毛皮摩擦后的电荷变化。具体学习过程如下:

〔研究发现〕橡胶棒与毛皮摩擦,毛皮会带正电,橡胶棒则带等量的负电。

〔画图〕请你画出橡胶棒和毛皮,摩擦前后的电荷变化。(检测目标2)

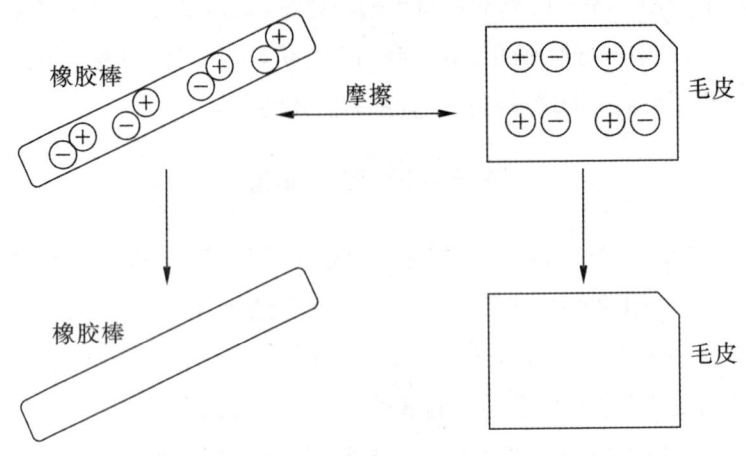

橡胶棒从毛皮处得到_____,橡胶棒带_____电;毛皮_____电子,毛皮带_____电。

〔讨论2〕研究发现玻璃棒与丝绸摩擦,玻璃棒会带正电,丝绸带等量的负电,请你用电子得失的观点解释该现象。(检测目标2)

将玻璃棒与丝绸摩擦的情境作为评价任务。画图环节既是评价任务又是学习任务,学生通过这个"脚手架"顺利通关。

经过这次的汇报课展示,让我脱胎换骨,理论不再被束之高阁,而是真正地落实到了学生身上。学历案之所以被称为专业的学案,关键是只有"专业的人",才知道学生的思维障碍或误区,搭建适切的支架攻克难关,从此可见,教师的专业性不言而喻。原来我的课堂都是从自己的角度出发,未能感同身受地从学生学习的角度深度的思考,路漫漫其修远兮。

挑战自我,数夜未眠

2019年12月,崔教授团队要亲自来我校指导,我激动万分,同时接到了一个高难度任务——展示一节汇报课。这次我想挑战自我,选择了"物态变化专题"复习课,传统课堂中复习课就比较难上,学历案的复习课在原本外出学习时都从未听过,挑战可谓是前所未有。变革本就在挑战中前行,相信我们科学组强大的后盾力量。"物态变化专题"的复习课,我曾经上过汇报课,但当时并不是用学历案。当面对同样的课题,用学历案的方式进行诠释,看似可以照搬套用,但当套用的过程中,就会不断地有声音提醒:本节课指向的核心素养是什么?这是我之前的教学中从未思考过的问题。原本的教学设计就是围绕一道题:

例1 将水倒入盛有干冰(固态二氧化碳)的烧杯中。发现水在"沸腾",水中产生大量气泡;同时水面上有大量"白气"。下列对水中气泡内气体和水面上的"白气"的解释中,合理的是( )。

A. 气泡内主要是水蒸气,"白气"是水蒸气液化而成的小水滴

B. 气泡内主要是水蒸气,"白气"是二氧化碳液化而成的小液滴

C. 气泡内主要是二氧化碳气体,"白气"是水蒸气液化而成的小液滴

D. 气泡内主要是二氧化碳气体,"白气"是二氧化碳液化而成的小液滴

基于该题目原型,设计探究实验探究"气泡的主要成分"。可这仍是知识本位,素养无影无踪。"知识立意"转向"素养立意",看似简单的两个字变化,在一份简短的学历案中该如何体现呢?复习课的方法化、系统化该如何融入其中?这两个问题让我数夜未眠,反反复复地琢磨目标的修改,最后定位:

1. 通过建立二氧化碳气体和干冰(固体)的微观模型,解释物态变化过程中体积、质量和密度的变化,从宏观现象探究微观本质。

2. 观察烧杯中的干冰在空气中的变化,以及盛放的烧杯内外壁的变化,说出涉及的物态变化以及伴随的吸放热情况,同时建构物态变化规律结构图,加强知识建构能力。

3. 观察干冰落入水中的实验现象,能够利用物态变化规律进行解释辨析,增强观察和解释分析能力。对于异常现象"产生气泡速度变化"的实验探究,初步形成从实验中获取证据解决问题的意识。

目标引航,全程无忧。修改后的学历案,更加注重学生知识建构的能力,所以去掉了原来气泡探究的实验,而是将"观察法"引入其中,突破六大物态变化之间的转换。增加"产生气泡速度变化"的实验探究活动,初步形成证据意识。课后,崔教授点评,"这节课直观上体现了学历案的内涵,学生的主体性在课中也有所体现,是一节完整的课堂。"得到崔教授的认可,数夜的思考有了价值。

历久弥新,爱之恋之

我校学历案进入3.0版开始,学历案进入常态化课堂。学历案就很容易模式化,套路化。但当我们备课组一起研讨学历案,大家用的都是同一套学历案,但是当交流经验时发现,每位老师根据每班学情,都有自己的理解和操作方式。原因何在?我想这就是学历案最核心的部分——学生。学历案前前后后围绕着"学生如何学会"。每个班学情不同,当然演绎的学历案也不同,学历案会越用越有魅力,展现了每个孩子的个性。

有时我会思考,教案的革命,之前热火朝天的导学案这几年渐渐消退,学历案会否过几年也如导学案同样的命运?当我阅读了很多未来教育,核心素养相关的书籍时发现,大部分的学者专家都认为核心素养,即在真实情景中解决真实问题是目前教育的关键。这不正于学历案吻合?学历案对我最大的影响,可能就是教育理论的转变。我不再仅仅立足于眼前,还会思考孩子未来的景象。

学历案拓宽我的眼界,令我爱不释手,恋之迷之。

转换立场，以"学"促教

许 阳

教师通常习惯于运用教育工作者的知识结构和思维模式，但是在教育教学的过程中，学生、教师、教材、学习活动等相互碰撞、融合，这就要求教师站在学生的立场去观察、思考和分析。

我担任初中历史与社会学科教师近20年，站在讲台前，从最初的青涩到如今的沉稳，经历了许多挫折与磨炼。不敢说自己的教学设计有什么过人之处，但是在促进师生互动方面，有所体悟。市区教研员、同行前辈，在点评我的课时，比较多的评价是"你看起来很愿意走进学生，跟学生的距离比较近"。这些年，我除了担任学科教师，还兼职了多年学校心理辅导员，积累了较为丰富的辅导经验。学科教学与心理辅导相结合，设身处地去考虑问题，这大概算是我的专长吧！

2018年3月，学校安排我担任社会教研组组长，要求我带领学科团队一起学习、教研！对我来说，既增加了自信，又有点忐忑。当了大半年的教研组长，挑战来了——组里要推出一堂青年教师学历案公开课，需要我们教研组合力去打造。

难道我不懂学生

2018年11月27日，学校承办的区级"基于教、学、评一致"的课堂与作业改革研讨会社会学科分会场热闹非凡，专家、听课教师济济一堂，富有西藏民族风格的音乐声嘹亮而浓郁。社会组青年教师意气风发，青年教师开设的历史与社会学历案公开课——"拉萨"，带领初一（1）班的同学走进"世界屋脊"，了解藏民生活。青年教师在学生小组探究活动中，即时检测，层层推进，努力提升学生的认知、综合、人地协调的地理素养。课堂学习中，学生通过对拉萨地理位置的定位，分析中国政区图与西藏自治区地图，使用不同比例尺的地图，提高区域认知素养。本堂课学习素材十分丰富，如"季风区与非季风区分布图""拉萨的气温与降水量图""拉萨的日照时间数据图"

等,而且学生以学习小组为单位,相互协作,共同归纳整理拉萨的自然与人文条件。

前半节课我踌躇满志地坐在教室后面,心里略有激动,一直轻声细语地向前来观摩的外校教师介绍我们教研组的磨课过程。诸如为了这节课,我和社会组的同伴们,花费了一周多的时间,帮助青年教师选题、磨课、设计学历案。我们设计的环节面面俱到,选择的习题从不同角度考查学生学习掌握的情况,图文资料翔实。我暗想,这样准备充分的课,理应能得到专家的好评吧。

距离下课还有15分钟,我感觉时间来不及,便不停低头地看表,还有10分钟了,5分钟了,1分钟了……材料很丰富,反馈练习题多,似乎成了这堂课顺利完成的绊脚石。最后几分钟,我坐不住了,向上课中的青年教师挥手示意,并连连指手腕上的手表,赶紧讲才是!青年教师自己也感觉到时间仓促,匆忙做了小结,课堂结尾没有开场白那么精彩,留下了遗憾。

评课环节,我惴惴不安。如果这堂课没有呈现完美的状态,那么,我这个参与指导的教研组长一定是有责任的!可是问题出现在哪里呢?老师的语速不紧不慢,学生积极参与讨论,学历案上的学习材料面面俱到,有视频、歌曲、地图等,老师还精心准备了哈达这一藏族同胞的礼仪用品,可谓花了不少心思。

我记得,嘉兴市名师、元济高级中学地理教研组组长胡良老师进行了点评。胡老师从把握学生学习目标和凸显学生学习经历两个角度来评价学历案课堂。胡老师指出,学历案的课堂不是看教师教得怎么样,而是要看学生学得"欢不欢"。拱墅区初中社会教研员盛艳老师指出,这堂课的学习目标,要基于课程目标,紧扣新教材,而且学习目标应更贴近学生的学习起点。华师大崔允漷教授虽然没有亲临社会学科分会场,但是当他有机会看到这份学历案的时候,微微一笑,向我们提出了一个疑问:"请问,这堂课学生能完成学习任务吗?"一语惊醒梦中人,是我们设计学历案的时候,容量大,设问多!教师精选了材料,充分考虑了设问的梯度,但是依然站在教师立场去设计整堂课,把学生的学习基础和接受能力放在了第二位。我作为教研组长,没有很好地帮助组员领悟学历案的内涵。自诩"懂"学生的我,顿感汗颜。

试一试转变立场

2017年至今,学校推广学历案这一教学模式,我从旁观者变成逐渐变成了参与者,起先是观察青年教师上学历案模式的课,然后与教研组同仁一起探讨,同时还获得了很多机会聆听专家讲座,最后,轮到自己上场了。

在学校促进教师发展的规划下,我们几位老师有机会参加区、校学历案方面的主题培训。我慢慢产生一点浅薄的认识:学历案设计的目的,是让学生从"提高解决试题的能力"转向为"提高解决实际问题的能力"。能力要提升,势必要求教师站在学生立场,把握住学生的学习起点,设计有具体情景的学习任务,再给出及时有效的反馈。

说起来容易,做起来难。2020年下半年,拱墅区第十届"运河赛课节"绿茵杯比赛,我被选送到区里参赛。我的课题是七年级历史与社会上册的第一课"从社区看我家"。

教研组帮我磨课,我指着这篇课文的标题,有点无奈:"这堂课内容这么少,难度这么低,就是地图三要素:方向、比例尺、图例和注记。用这课作为公开课,没有新鲜感……"

"不、不、不,你的想法未免太武断了。对于初中学生来说,这课是学习地理的起点和必备工具。教师看来简单的内容,对于刚从小学升上来的学生来说,可能很难呢!"我们组的资深教师皱眉了。

"学生会觉得哪里难度大?"我和几位教师感到不解。

张老师不紧不慢地说道:"根据我的经验,学生实地辨明方向和地图上寻找方向很容易搞糊涂。"

盛老师说:"他们小学没有系统学习地理知识,单就'方向标的平移',说不定令他们颠三倒四。"

方老师:"作为老师,去看教材的内容,觉得'理应'容易掌握,但是学生的感受,需要我们去调研……"

在学历案一次次讨论、修改的过程中,我开始修正自己的这一个想法,即教师不能站在教师立场,眼里只见教材内容的编排和难易度,而应该站在学生立场,带着探究的想法去读教材。教师通过优化学历案设计,给学生提供符合他们心智的、有趣而重要的主题、问题、难题。

在教研组的建议下,我尝试去了解学生对地图三要素已有的知识储备和生活经验,调查学生学习的兴奋点和盲点。我还采访了赴贵州支教的教师,把他们真实的支教故事,作为本课的学习情景。课堂上,我向学生抛出问题:贵州在哪里?支教老师采取什么方式抵达贵州?贵州与浙江的相对位置如何,等等。我还准备了各式地图,如中国政区图、中国交通地图、杭州城区图等,让学生以小组合作的方式去解决问题。通过体验性学习,给学生学习的空间和时间,在学中用,在用中学,培养学生自主学习地理问题的能力,让学生感受地理学习的成就感与喜悦感。

打破僵化的思维

绿荫杯比赛的成绩还不错,但是教研员盛艳老师也指出了我这堂课的问题。

盛艳老师:"这么鲜活的素材,没有好好利用呢。"

我不明就里:"导入和结尾我都提到了杭州教师支教,做到了首尾呼应,充分利用了素材。"

盛艳老师笑着问:"如果你去贵州支教,是不是得先知道贵州在哪里,选择何种方式去?"

我不假思索:"是呀!我设计的情景就是希望学生解决这几个问题,并且是充分利用地图三要素。"

"我们在实际生活中,不会先把地图三要素学习一遍,再去研究出差的方向和交通方式。"

"哦,您的意思是,课堂利用真实情景解决实际问题,也需要尽量依照生活真实的解决步骤来进行?"

"学生在真实情景中遇到困惑了,产生问题了,老师再带领他们一个一个去解决问题。"

教研员的一番指点,我若有所思,学历案应该是鲜活的,紧密结合学生生活情景的,老师不能生搬硬套,把学历案看成僵化的练习题,把知识学习和能力训练截然分开。课堂应回归学生发展的教育教学本义,把学生当成鲜活的生命个体,尊重学生的知识水平、个性差异、理解与感受。

懂你才会搭支架

起初的学历案课后反思设计,我写的是课后反思,是教师"教"的反思,而不是学生"学"的反思。比如我设计的另一堂课"鸦片战争",最初的学后反思是这样的。

教师要注意联系前几个单元的学习内容,引导学生注意英国鸦片战争前已经完成工业革命,中国和英国在政治制度、经济制度等各方面差距巨大,中国已落后于世界。中国落后的农耕文明无法抵抗西方先进的工业文明。在当时历史背景下,鸦片战争中国的战败不可避免。

学习资料的呈现方式,还可以更多样化。比如,有些视频资料可以放在课堂学习,让学生带着任务去观看、记录和解读。

可见,当时的反思站在教师的立场,谈自己教学得失。但是修改之后的反思,更注意给学生学习的支架,比如让学生梳理时序,小结方法,模仿操作。

通过本节课的学习,你了解并初步学会运用"历史分析法"了吗?比如我们在分析鸦片战争爆发的原因的时候,需要追根溯源,弄清楚事件的来龙去脉。

请问你还能举出其他我们学习过的历史事件,尝试这样来分析原因吗?

这种学习方法,可以迁移到学生对其他历史事件来龙去脉的理解上。站在学生的立场,理解学生,才能知道搭建怎样的学习支架。

愿我能够更懂你

教育教学的出发点和归宿是为了学生的全面发展,那么让我们尝试站在学生的立场看问题,如此才能更加接近教育的本质。基于学生立场的教学设计,是令人向往的,在课堂转型的过程中,难免遇到困难和瓶颈,需要我们树立信心,转换立场,以"学"促教。

我们同舟共济,砥砺前行

顾娇娇

"太喜欢现在的课堂,我讲得更少了,喉咙都不痛了。"

"原来课堂上经常走神的学生现在都在参与课堂了。"

作为备课组长,没有比听到这样的话更让我开心的了。回想半年前刚开始推行基于大单元设计的学历案常态课时的迷茫,现在的我们非常坚定地要在这条路上继续走下去。

寻找灯塔

产假回校,每天忙碌,却始终在原点。想要在专业上有所突破,却不知从何入手。此时,学历案在我校开始进行2.0版本到3.0版本的升级,主题为基于学历案的大单元设计,促进深度学习。为稳妥起见,曾任课程与发展中心主任的张老师与我商量在初二全年级进行试行。

可是,老师们需要哪些技术支持呢?还是先听听大家的意见吧。

"什么是大单元,和我们课本中的单元有什么区别?"叶老师一下子问到关键点。

"我觉得我们目前的单元设计挺好的呀。"宋老师的话里有话。

"天啊,我学历案的文本书写才刚刚勉强过关。"入职还不到一年的李老师皱着眉头,一脸苦恼。

虽然,我是很想通过这么一个机会提升自己的专业水平,但是老师们的问题也是我的疑惑。我向苏老师投去期待的目光。

"传统的教学注重知识的掌握,学生学了不代表学会了,缺乏对学生能力的有效评价方式。大单元是指围绕核心素养,对知识、技能、问题、情境、评价等进行结构化所形成的一个完整的学习事件。大单元的设计关键在于这个大,可以是大任务,大主题。学生的学习是以具体的大任务为目标,为完成这个大任务学生要完成一系列的小目标,在完成目标的过程中实现知识的内化,能力的提升,而学历案就像一艘船帮助大家渡河。我这里有一些关于大单元的资料大家可以先拿去学习下。"苏翔老师说完,冲我点了点头。

打铁要趁热,我马上接道:"我们离第四章《简单电路》学习还有一个多月的时间,大家写学历案已经是驾轻就熟了,要不我们先用一周的时间学习什么是'大单元',确定大任务,第二周撰写文本,第三周修改,第四周实施课堂时间,你们看怎么样?"

任务细分了之后,大家更容易接受,纷纷表示赞同。

第一周,在大家都有了一定的基础知识后,我们开始探讨大任务。

"学生在小学时已经学过电学,但是缺乏动手实践的机会,我们的大任务最好能让学生有机会动手,做一个实物出来。"

"可是这部分电学内容只是一个入门级别,可以做的东西太少了。"

"要不让学生统计一下全校的用电量吧,提出省电的方法。"

"用电量涉及电能,提早学习不符合学生的认知水平。"

"要不设计一个超重装置吧,生活中经常用到,所需知识能力也符合学生的认知。"

"真实情境的超重装置是比较复杂的,处于青春期的学生都比较在意自己的外形和体重,要不设计一台专属于自己的体重秤吧。"

大家在提出方案,否定,再提,再否定,再讨论的过程中,多方对比最终确立了大任务为"设计一台专属于自己的体重秤"。

整装待发

第二周是文本准备阶段,每个老师分一个小任务写一到两篇学历案。看似不多的任务,要想高质量地完成,实际上是很费时间的。我们对教材研读发现教材是按知识点进行课时安排,先是进行电流的学习,再到电阻和电压,然后研究电流与电阻和电压的关系,最后是电路综合的分析和应用。这样的编排,既缺少知识内在逻辑关系的显现,又缺少与学生建立直接联系。如何围绕"核心素养"按照任务链的方式进行重新整合,这是摆在我们面前最大的问题。最终我们通过学生的问卷调查,确定将大任务分成了五个小任务(如图1),这五个小任务是阶梯式的递进关系。

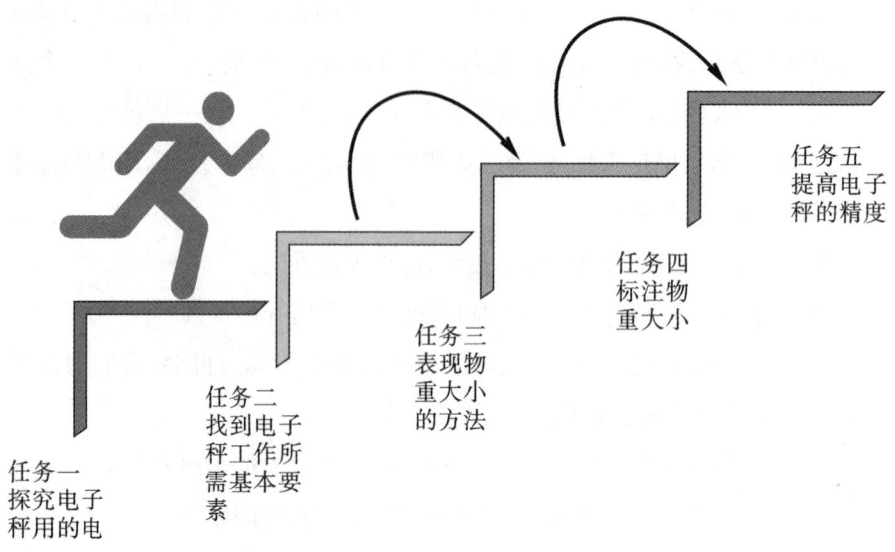

图1 "设计一台专属自己的体重秤"的五个小任务

第三周,文本修改阶段。如何在文本中体现学历案的教学评的一致性?如何结合各种情境让学生在真实情景中解决问题?如何检测任务是否完成?为了解决这三个关键性问题,短短一周时间我们进行了三次大修改。第一次修改重点放在目标要素,主要探讨解决"电路探秘"大单元的各个小任务如何通过实验探究的方式浸入式学习,提升科学探究的能力。运用真实的情境,保证分目标的横向连续性。

第二次修改是按纵向进行,我们一起讨论每一篇文本的教学评一致性如何实现。比如在学习"体重秤工作所需基本要素"这个小任务时,给学生电池、导线、小灯泡、开关等器材,让学生自己动手将小灯泡点亮。让学生在实验过程中体会、总结,简单电路的组成以及各个组成的作用。在学生点亮小灯泡之后,可以进一步鼓励学生用多种连接方式再次点亮小灯泡。以学生的作品为资源,引入串并联电路。评价任务完成的评判标准,是学生会根据提供的材料使体重秤正常工作,并能画出具体的电路图。原来一节课的集体备课时间远远不够,我们在学生考试时间的两天时间,除去监考,基本上都在讨论,最长的一次连续持续了3个多小时。虽然大家都很累,但是从大家兴奋的面庞、激动的表情,我看到了值得。

第三次我们打包给了张银华老师,请专家在提出修改意见。侧重在如何增加学后反思的有效性上。我们改变以往流程式的提问,如这节课你学到了哪些新知识? 还有哪些疑惑,需要老师帮助解决? 设置更有针对性和引导性的反思内容,重视学生科学方法的总结,知识的结构化整合,等等。比如请你对本主题的知识进行梳理,完成概念图。在本主题的学习过程中,主要采取了哪些方法?

这三次的修改,虽然时间很长,但是磨刀不误砍柴工,我们整装待发。

差点翻船

第四周开始实施,虽然前期我们做了大量的准备工作,可是现实却给了我们当头一棒。第一天的课刚刚结束之后,群里已经炸开了锅。

"进度太慢了,预设的三个环节,我只完成了一个,照这样下去,教学进度都完成不了,你们都完成了吗?"

"学生的课本上都是空白的,什么笔记也没有,写了学历案他们就不愿意记课本上。"

"常态课又不能磨课,学生不按我的套路出牌,怎么办?"

"大任务离他们太遥远了,他们就开始兴奋一下,需要激励机制。"

听了大家的发言,我的心凉了半截。可是,我没有时间去抱怨,必须立刻解决问题。放学后,我们备课组开了紧急会议,大家都一脸愁云。"基于学历案的大单元设计在常态课中开展,我们前期付出了那么多,就像我们的孩子,大家肯定不愿它流产。问题虽然很多,但是我们今天先集中解决三个问题。如何在不能磨课的情况下保证教学质量? 如何使大任务有效落实下去? 动手实践的时间在课堂上不够怎么办?"接下来的探讨使我真正理解了"一群人走得远"这句话。不能磨课就听课,我们最终决定每天早上第一节全体去听课,今天谁第一节就去听谁的课。课后立刻反馈及时根据学生学情进行调整。大任务分解的小任务每完成一个,发班币,实物展示评比,小任务小奖励,大任务大奖励。在对教材的二次开发过程中,如果是保持内容,不在学历案上具体呈现,只提示在课本具体位置,让学生笔记记在课本上。鉴于课堂时间的有限,我们将精力集中在解决关键性问题上,而不再面面俱到。

满载而归

一晃,一个学期马上就要过去了。在基于学历案的大单元实行后,我们收获满满。我们收获了新老师的快速成长,李老师的汇报课获得了区教研员的肯定,叶老师的小课题区立项,宋老师获得了区新苗杯一等奖。同时我们收获了学生的成长,期末调研初二科学区平均分超区 7.01 个百分点,及格率超区 10.12 个百分点,优秀率超区 2.49 个百分点。有一个上课经常走神的女生偷偷和我说,她的改变从学历案进课堂时开始,她上课更有劲,有要完成的目标,有自主学习的空间,感觉老师也更温柔了。她不知道的是那可是我最焦虑的一段时间啊。焦虑过后,我找到了提升专业水平的方向和目标。

再出发,砥砺前行

现在,组员在尝到了甜头后问我,接下去怎么做?

学历案能不能再个性化一点?上学期我们用的一样的文本,但不同的老师有不同的思路,不同的班级学生情况也不一样,没有区分。如何在突破关键性问题上,既保留了整体一致性,又给个性化留有空间?大单元的设计如何实现学科的大融合?除了完成大任务,还有没有别的方式检验学生是否学会?大任务完成依据小组合作,如何利用任务发挥小组每个成员的作用?

散会时,已是暮色茫茫。我们同舟共济,砥砺前行,再出发!

在磨砺中蜕变

杜 鹃

在接触学历案的这几年,我时常会闪过这样的念头,我们精心设计一个又一个的教学活动,希望学生在深度学习的课堂中逐渐具备一个人应有的基本素养和学科素养。作为老师我们是不是也需要具备教师职业的关键能力和必备素养呢?所以需要持续学习的群体哪里只是学生呢?老师也需要保持长久、持续的学习,向专家学习、向同事学习、向学生学习,最重要的途径恐怕还是在一次次磨砺中反思和成长,向不完美的自己学习。

"就确定展示力学大单元的学历案教学了。"2021 年 4 月 13 日的初一科学集体备课活动在组长周争荣老师的拍板决定中落下了帷幕。而以学历案为载体的课堂教学展示活动即将在更新的舞台徐徐拉开大幕。从 2017 年第一次从郑校长口中听到"学历案"三个字,到今天我们开始学历案的 3.0 版本大单元学历案教学已经过去 4 年了。总是和"学历案"一词一起高频出现的还有"深度学习""学为中心""素养发展""以评促学"等。这一次,是迎接 44 位从缙云地区来我校学习学历案的科学骨干教师们,学历案课堂相较于传统课堂的理念碰撞之激烈,使得承担展示课任务的老师们都感觉备受挑战,但是包括我在内的大家都还是对我们已经全面铺开实行的学历案课堂很有信心。

学习目标——黑暗中的灯塔

"杜鹃老师,按照我们的教学进度,周三你要展示的是力学单元的第 4 课时,力的测量。"接到学校安排的展示课任务,特别是这一节课,我心里还是忐忑。力的测量,核心任务就是弹簧测力计的使用教学,可事实上,在使用弹簧测力计的过程中,包含的科学知识和原理却非常多。"静止的弹簧测力计自身受到一对平衡力的作用",这一现象的分析需要在第 6 课时、第 8 课时分别学习了重力和二力平衡之后才能解释。"作用在弹簧上的拉力使弹簧发生形变,而弹簧反抗形变产生的效果是反作用于施力物体的弹力",这个显而易见的现象不仅包含了本节课的重要科学概念"弹力"的建构支架,还有评价上一课时学生应用"力的作用是相互的"这一科学知识解释现象的能力的作用。

看似知识目标很简单的一节课,既要学习测量工具的规范使用,又要体会弹簧测力计的测量原理、建构科学概念,实则学生习得的过程并不简单,还需要老师合理的编排科学知识和操作技能之间的学习逻辑链。这个时候我真实体会到了一句话的真谛"越是简单的课,越是不好上"。

通过前几轮学历案的培训,我已经完全认同了一节真正以学生的学为中心的课,从教学目标的制定就要立足真正符合课程标准的要求,符合学生的发展规律。于是我仔细阅读《课程标准》,在主题3 物质的运动和相互作用中的第(二)部分机械运动和力提到:

1.列举生活中常见的力(重力、摩擦力、弹力),并能说明其意义。
2.会用弹簧测力计测量力的大小,并用力的示意图表示力的三要素。

不难看出本节课的两个核心知识:认识弹力、学会使用弹簧测力计。由于测量的本质是待测物体与标准量比较的过程,为了帮助学生将原有的长度、质量等的测量方法迁移至力的测量,我将这节课的知识目标分解成3个学习目标:

1.通过材料阅读,了解力的单位和常见力的大小,能够理解力的大小是可以测量的,逐步形成知识迁移的能力。
2.认识弹簧测力计的构造,并能按照正确的操作方法使用弹簧测力计测量钩码对它的拉力,在实践中提高实验操作的能力。
3.通过阅读图片和动手实验了解弹力的作用效果,通过定量分析理解弹簧测力计的工作原理,提高科学分析的能力,加强对科学本质的认知。

这节课学习目标的达成,学生将遵循:力的单位→测力计的结构和使用

→理解测力计的原理来进行。之所以将教材上先认识弹力后使用弹簧测力计的顺序颠倒,意图是希望在工具的使用中体会和理解原理。并且在设计指向学习目标3活动时,考虑到发展学生的自主设计实验的能力和对科学原理的理解,我引入了高中的胡克定律的实验,并且设计成了半开放式的探究实验:

学习活动(三)——探究弹簧伸长量和所受拉力的关系

现象:弹簧受到的力越大,弹簧伸长越长。

猜测:弹簧的伸长长度($\triangle x$)和弹簧受到的拉力(F)成_____。

实验器材:弹簧一个,钩码一盒(每个重0.5牛),刻度尺一把。

实验步骤:

①测量一根弹簧在自然竖直时的长度(原长)。

②在秤钩上挂一个钩码,测量此时弹簧的长度,计算弹簧伸长的长度$L_1 - L_0$。

③逐渐增加相同的钩码,重复上述步骤,并将实验数据记录在表格中。

④观察并分析弹簧伸长长度和弹簧受到拉力的关系。

设计实验数据记录表格:

得出结论:_____。

当设计完这个学习活动时,我一度自信极了,因为要完成这个探究,就必须掌握弹簧测力计的正确使用,而且通过测量、记录、分析还能引导学生进行深入的定量观察和数据处理,它不仅是指向学习目标3的学习活动,也是检测学习目标2的评价任务,一举两得。

试教那天,我信心满满地走进教室,结果被现实无情地打脸,多数学习小组并没能真正领会这个实验的意图,由于涉及的开放度较小,学生可以按照学历案所给出的步骤完成测量,然而数据的记录与分析确实一塌糊涂。课后,组内老师帮助我分析原因:"这个实验其实并不难做,原来我们做演示实验,钩码一个一个挂上去,弹簧的长度一次一次地对应标记出来,很快就能得出一条正比例图线,怎么自己就做不了了呢。"教研组长黄芳芳老师疑惑道。是我课堂指导得不到位,还是学生的数学建模能力确实没有发展到这个水平呢?带着这个问题我咨询了我校数学组资深教师魏正明老师,魏老师解答了我的疑惑,初中学生学习一次函数和正比例函数在八年级下册,怪不得学生照葫芦画瓢地做了这个实验,但是面对数据却一筹莫展,既设计不出较完善的记录表,也无从下手找关系。这根本不是课堂指导出的问题,是这个学习任务的设置完全不符合学生目前的认知水平,而我之后在《教学参考》上也找到了这个知识内容的教学建议:

对弹簧测力计的原理,教科书只是说:弹簧受到的拉力越大,弹簧的长度也越长,弹簧测力计就是利用这个原理制造出来的。而没有更精确地叙述弹簧测力计的原理——弹簧的伸长与拉力成正比。因为这涉及高中物理的知识,教学中没有必要提出更高的要求。(浙教版《教学参考》科学七年级下册88页)

反思传统课堂老师为主导的"满堂灌",这个实验从来都是直接演示,看似老师手把手带着做得很完美,现在想来学生在这个知识上的接受能力和理解程度值得打一个大大的问号。

第一次试教的失败,让我又一次深刻地体会了制定合理的学习目标,并设计精准指向学习目标的活动是多么重要且必要,否则宝贵的课堂时间就会做很多无用功。果断删掉了不合适的学习活动后,我充分尊重教科书的编写逻辑,重新调整了本节课的学习目标:

1.阅读相关材料、分析情境,了解力的单位和常见力的大小,知道力的大小是可以测量的,逐步形成用科学的方法观察事物的能力。

2.看图认识弹簧测力计的构造、通过动手实验体会弹性和弹力的作用效果,理解弹簧测力计的工作原理,提高科学分析的能力,加强对科学本质的认知。

3.观看视频学习弹簧测力计的操作方法,并能按照正确的方法使用弹簧测力计测量物体对它的拉力,在实践中提高实验操作的能力。

第二次的试教,学习活动的设计终于让学生可接受、能完成,旧的问题解决了,但是新的问题又出现了……

关键能力——可以微小,不可或缺

第二次的设计与试教,由于学习活动的难度降低,为了提升课堂的趣味性,我将课本上有图片展示的开易拉罐、握力器等活动体验全部搬到了课堂上,又为了贴近学生心目中"牛顿"和"苹果"紧密联系的形象,选择了苹果作为本节课的待测物体。学生走进课堂,发现实验仪器里居然有握力器、可乐、苹果,别提有多兴奋,而这个兴奋点显然不在科学知识上了。

虽然这一次教学重点聚焦能力培养和学科素养提升,也用了新颖的学习工具展开活动,然而过度重视课堂呈现方式,反而喧宾夺主,学生有效学习的时间和课堂的有意注意明显不足,效果不佳。

找到了问题所在,在科学组前辈的指导下,我马上进行了课堂活动有效性的论证和重构,去掉花哨的形式,只留下精准指向素养的学生活动。

学习活动(一)——了解常见的力的大小

(1)阅读下列资料并体验:

已知:手托1个钩码的力为0.5牛;托起2只鸡蛋的力约为1牛;拉开易拉罐用的力约为20牛;一般成年男子手的最大握力约为560牛。

(2)估一估:一本科学书,会对桌面产生多大的压力?

设计第二小问时,我同好几位科学老师论证了这个活动的必要性,就学生估计常见物体产生的压力的能力进行了预判,一致认为这个活动不仅有必要,而且需要加以适当的课堂引导重点对待。在学生估计一本科学书能产生的压力之前,先明确了测量的实质是"比较",再设置支架任务,学生亲自感受了1牛力的大小之后再对托起一本科学书所需的力进行合理的估计,而非猜测。通过这个学习活动,学生对常见物体产生的力的大小不仅有了客观合理的印象,通过真实的估测活动也逐渐形成了估测的意识和能力。在评价任务中表现得非常好。

小试牛刀:判断以下说法是否正确,若不正确请改正(检测目标1)
①用手托起一个苹果所需的力约为20牛。
②两袋水泥对地面的压力约100千克。

第①句话的判断,目的就在于检测学生对一个苹果产生压力是非能够正确估测。学习活动中,学生如果成功建立了一本书和两个鸡蛋能够产生的压力大小的意识,将一个苹果和前两个物体中的任何一个对比都可以很容易地得出正确答案。最终,在课堂教学时,这个评价任务的正确率是100%。

无独有偶,在展示课的当天,我区进行了2021年的中考模拟。在这次区域调研中,科学试卷全卷得分率最低的一题,竟然是一道估算题,难度系数为0.53。

原试题:

5.家用柜式空调正常工作时的电功率约为( )。
A.2000W   B.200W   C.20W   D.2W

全区53%的学生能够正确地选出A,错的学生绝大多数都集中选择了B,说明学生对一般家用电器电功率的估算并非一无所知。根据电功率$P=UI$,家庭电路的电压是220V,大型用电器的额定电流一般不会小于1A,自然就筛选出了正确答案。该题看似十分简单,但调研结果折射出的问题也恰恰反映了我们在日常教学中往往容易偏离真正的素养目标,过度追求看似高级实则并不十分合理的教学目标,造成了学生关键能力的缺失。

核心素养——在磨砺中蜕变

这次展示课的磨课和授课,给了我认真反思自身4年来变化的机会。从接触学历案来,经历了起初的迷茫,到理念的认同,再通过一次次实践真正转变自身的观念。区别于以往追求在有限的课堂中塞进越多的知识越有成就感的教学观念,现在每节课备课时我已经养成了这样一个习惯——围绕三个问题开展:

第一个问题:这节课学生需要学什么?

第二个问题:学生怎么样才能学会?

第三个问题:我怎么知道他们学会了?

在这一理念的指导下,随之而来的变化就是其他老师眼中的我"变了",从"课堂演绎能力较强"转型为"课堂设计逻辑性强,设问导向性明确,问题的指向清晰"。而在一次又一次的磨砺中,我对"学为中心"的认同感也更加强烈,在我的课堂上促进学生素养发展的目标正在一个接一个地达成。

拨开云雾见曙光

杨敏丽

从事教师职业之初,似乎一直都是这样的:在一间普通的教室,拿着备好的教案、课件,走进课堂,站上讲台,开始我们的课堂教学。所幸,一次南京一中学习之旅,让我接触到了一样新鲜事物——学历案,这让我眼前一亮,原来课堂教学模式还可以这样。原来,他们正在华东师大的崔允漷教授的指导下,酝酿着一场课堂变革,以学生为主,基于学生立场的教案变革,由"教堂"转向"学堂"的课堂转变,这是怎样的一种课堂?何为学历案?这一切引发了我的好奇心……

邂逅学历案,勾起好奇之心

正在备课,突然传来"嘀嘀"的呼叫声,原来又有群发消息来了。"明天学校邀请了崔允漷专家团队进行关于学历案的专业指导,请各位准时参加学习。""学历案"这一字眼再一次印入脑海,顿时我的兴趣来了。哈,一场思维碰撞的学习之旅又要开始了。

那一天,我放下正在批改的作业,匆匆忙忙带上笔记本就直奔会议室。我扫视了一下,会议室里已经坐满了人,发现到会的除了我们学校的老师外,还有几张陌生的面孔。

郑校长首先致辞:"今天,我们非常荣幸地请到了华东师范大学的崔允漷教授,给我们作关于'学历案'的培训……"

果然是学历案!竟然邀请了这么重量级的人物,肯定能学到很多。我兴致勃勃。

崔教授很快切入正题,他从我们教师经常碰到的日常体验展开,娓娓道来……

他说:"当过教师的人几乎无人不晓——我教了,但是学生经常不会或不懂。"是啊,这不就是我内心的感受嘛,为何我教了,你不会呢?

崔教授的开场白,让我感同身受,我听得十分认真并在笔记本上记录下

重要的内容:

何为学历案？学历案指的是教师在班级教学情景下，围绕某一具体学习单位的主题、课文或单元，从期望学生学会什么出发，设计并展示学生何以学会的过程，以便学生自主建构或社会建构经验、知识的专业方案。

"我教了,你不会",从某种程度上说可能是因为教案的立场出现了问题,导致课堂教学学生难以学会。我们从这样的角度思考过课堂教学吗？所教即所学,所学即所评,教了要转化为学了,学了要保证学会了,教、学、评要一致。基于学历案的课堂教学充分体现了"学主教从""以学定教""先学后教"的先进思想,因此课堂教学的核心就是预设合理的学习目标。

学习目标是一节课的灵魂,没有清晰的目标,就没有明确的依据处理教材和选择方法,也就没有标准来评价学生到底学会了什么。

看来,设计合理、明确、可行的学习目标,是构建有效课堂的第一要务和先决条件,也是写好"学历案"突破口和关键点。接下来,我要与学习目标慢慢相处了。

迷雾重重

心动不如行动。

在学习了"学历案"的培训之后,我们数学组决定从"学习目标"着手来开启学历案的第一步。于是,我们数学备课组开启了热火朝天的讨论与交流。

备课组长一马当先,给大家抛了一个问题:"关于学习目标,你们的理解是什么？你们觉得它对课堂的重要性体现在哪里？"

"学习目标,不就是我们以前所说的教学目标,换了个名字而已,换汤不换药吧？"徐老师首先答道。

"就是,就是,不就是我们经常写的三维目标,教参上不就有,抄一抄不就可以了？"潘老师附和道。

"我的理解是:两者肯定是有区别的,我们以前的教学目标是站在教师的立场,而学习目标应该是基于学生的立场,两者的主体应该是不一样的。"富有经验的徐老师总能提出有深度的观点。

"依我看,学习目标就像一个导向标,直接决定教学的方向和质量,只有让学生知道了学习目标这个导向标,所导向的目的地,知道自己要学什么,怎么学,才能更有效地参与课堂活动。"小C信心满满地说。

"那么,学习目标该从哪里来?我们该如何设计呢?"面对"学习目标"这个新事物,我弱弱地提出了我的困惑。

"是啊,在以往的课堂上'目标'说起来很重要,但也常常是被忽略的一项,我们该如何体现它的重要性呢?"小潘也提出了自己的疑问。

大家七嘴八舌地说着自己的看法,问题一个接一个抛出,但始终迷雾重重,对学习目标说不清,道不明。

到底学习目标该如何来设计和确立呢?我苦苦地思索着。

这时,陈老师打破了这种尴尬的气氛:"对了,崔教授不是给我们带来了有关学历案的一些书籍和资料吗?其中就有一些有关学历案如何确定和叙写学习目标的内容以及一些案例。接下来一周我们先好好学习学习,慢慢参透。"

"对的,我们先去学习一下学历案的学习目标的相关理论知识,有了理论的基础,再慢慢着手。"沈老师也鼓励道。

学习目标,初次与你相遇,真是迷雾重重啊!可谓相见容易,相处难。

拨开迷雾

初次的相遇总是令人最难忘的,为了揭开"学习目标"的迷雾,这一周我对"学习目标"开展了深入的学习和资料研究。

功夫不负有心人,在历经几个晚上的埋头苦干和反复琢磨之后,终于有了些许收获。对于"学习目标",我总结出了几个关键要素:定位要清晰,叙写的方式要精准,要融合三维目标,目标的描述要易懂并且可测,以及目标的呈现方式。我还特意上网去搜集了一些关于"目标叙写"的文章,打算关键时刻派上用场,积累一些理论方面的知识。

差不多两个星期过去了,我们备课组又聚在一起进行了新一轮的交流。

"小潘,你说说吧,经过这一周的学习,你觉得如何设计学习目标?对自己为什么要设计学习目标,怎么设计是否心中有数?"

备课组长直接点了潘老师。我心里暗自窃喜,这个问题还好不是问我,否则真不知该怎么说,心里正犯着嘀咕,潘老师发话了。

"以往的目标将知识技能、过程方法、情感态度目标分开来,更侧重于知识技能,学生大概知道学什么,但不知道怎么算是学会了。但实际教学中我们的目标不仅要关注结果性的知识与技能目标,而且要关注过程性的过程与方法目标,以及通过'结果留白'引导学生实现创新、情感态度目标。因此,我认为在设计学习目标时首先将三维目标整合,每个目标都明确了学会什么,怎样习得,从而获得何种学科素养。三维目标思路清晰,各自有所侧重,体现一定的层次和逻辑进阶。"听得出来,小潘底气很足,给大家开了个好头。

"小徐,上星期你开了公开课,大家都对你的学历案进行了评议,并提出了一些建议。你说心里话,你觉得你的目标设计的如何?如何进行改进?"

"说实话,上次我的目标只是简单地将课标的具体内容照抄上去,没有考虑具体的学情和情境,没有真正分解目标。没有明确的目标,也就没有明确的标准来评价学生是否达成了目标,到底学会了什么?因此在学习目标的设计中,我觉得必须要基于学情,不能生搬硬套,要在对课标和教材理解的基础上进行整合,分解为具体的学习目标。"徐老师激动地说道。

徐老师真是直言直语,毫不避讳!不过细想也对,她说出了大家的心声。

"小杨,看你看了一周的资料,你又有哪些收获?"终于点我了,我可要慎重啊,不能让人认为我太菜了。我认真回答道:"目标设计时不能太笼统,要具体一些,指向要明确。既然是学习目标,这些目标必然是易于实施学习和测评的,因此在设计时要能可测,检测学生是否达成目标。"

"那么如何才能做到可测?"吴老师抛出的问题好深奥啊,我一时又怔住了。"就是以学习目标设计评价任务,检测学生是否达成目标。"还好,陈老师出手相助,这家伙真仗义!

"看来大家这一周的学习收获不少,有了对学习目标的全新认识。这周回去我们一起来更精准地叙写一下教学目标,一周后元济高中的专家将莅临指导,我们刚好可以取取经。"

在组长的任务布置下结束了长达2小时的交流。

夜深人静,灯光下,拿起笔记本,提起笔,记录起这几天的心路历程,节录如下:

刚开始接触"学历案"时,面对学习目标毫无头绪,也不知道每一句目标对教学的影响。经过多次对学历案关于学习目标的学习和思考,渐渐地明白了基于"教学评一致性"的学历案目标建设,是一堂课的精髓,就像植物的导管一样,遍布其全身的各个部位,若没有它的"指引",就会枯萎。而如何设计学习目标呢?以往,当老师拿到一个"教材"进行教学设计时,首选考虑的问题是"我该怎么教",而非"学生学什么,怎么学"。设计学习目标关键要明白我们想在课堂上给予学生什么。如果只是一些重要的学科知识,试问几十年后的他们是否还能记得起来这些知识?我想答案是显而易见的,不只是学科知识,更应该是能够伴随他们一生并且受用的思维方式及学科素养和价值观等。而回顾我们以前对目标的确立,普遍存在这样的现象:学情不了解,生搬硬抄,或者教师非常明确知识技能目标,主要是以教师为主导,却忽略了最重要的情感态度价值观的素养目标,以及学生的主体立场。怪不得,学生学完这个单元,忘了上个单元,学完这一册,忘了下一册……这样的学习只可能有一个结果,那就是"高不成,低不就"。想要教学有效,就是要告诉学生准备去哪儿?如何去?学习的目标越清晰,学习的行动就越主动,就越能体会到学习的喜悦,从而提升学习能力。

一周的学习以及小组的讨论,有关学习目标的重重迷雾终于缓缓淡去。

遇见曙光

有了前面功课的基础,是驴还是马,总要拉出来遛遛。本周为了迎接专家的指导和检验,我一直在伏案叙写我的学习目标,可不能丢脸啊!

瞧,灯光下,埋头苦干,时而皱眉,时而挠头,时而叹气的就是我,在历尽好几个晚上的工作,终于完成我的主题学历案的撰写。以浙教版数学八年级上第三章《一元一次不等式》第3课时的学习目标为例,目标设计我首先将三维目标整合,每个目标都明确了"学什么""怎样习得""获得何种学科素养",具体如下。

【学习目标】

1.通过实例,能根据具体问题中的数量关系列一元一次不等式,初步体会不等式模型在实际生活和生产中的广泛应用。

2.经历从实际问题中建构一元一次不等式的过程,了解列一元一次不等式解应用题的一般步骤,初步具备用不等式模型解决简单实际问题的能力,发展数学建模和数学运算素养。

上述学习目标1由三部分组成。"通过实际例子",说明过程与方法;"能根据具体问题中的数量关系列一元一次不等式",明确知识与技能;"抽象模型",指明该目标达到的核心素养层次。学习目标2明确想要学生达到用不等式模型解决实际问题的能力,以及掌握列一元一次不等式解应用题的步骤和方法,从而发展数学建模和数学运算素养。其中"通过实际例子"说明过程与方法;"了解列一元一次不等式解应用题的一般步骤,初步具备用不等式模型解决简单实际问题的能力"明确知识与技能;"发展数学建模和数学运算素养"指明该目标达到的核心素养层次。

每一条目标的行为动词都经过考量,精准到位,行为动词明确了三维目标所要达到的层次要求。其次每个单元的小目标之间可以使并列关系,也可以是递进关系。上述案例,2个目标就是逐步递进的关系。先要体会不等式模型并列出不等式(目标1),启发学生利用一元一次不等式解应用题,发展建模思想(目标2)。

一周后,我们如期迎来了浙江省学历案领头羊——海盐元济中学数学学历案研究小组负责人黄桂凤老师老师关于"学历案撰写指导"。黄老师从学历案撰写要点向我们分享了她的经验。她还结合自身的实践经验,重点从学习目标对我们所撰写和设计的学历案的目标叙写进行了指导和修改。

黄老师充分肯定了我们所写的学历案的目标叙写,在定位上体现了以学生为主体，叙写方式上融合了三维目标，行为动词精准到位，目标层次分明，描述准确易懂。这无疑给我们组这段时间的努力与付出打了一剂强心针。

关于学历案，我们的故事有了令人期待的开始，以及悄然求索、努力求真的过程。道路且阻，行至将至，行而不辍，未来可期。这一次，我仿佛拨开了云雾，见到了一丝明媚曙光。

多维作业评价，助力"真学习"

许佳男

"哎，你们听说了吗？我们学校这个月会请区教研员和各校教研组长来参加这次的课堂展示活动！"2018年11月的一个下午，我们英语组的"小灵通"小陈兴冲冲地走进办公室，为大家带回了一手消息。

"还没说完！还没说完！"小陈喝了几口水后，急急忙忙地放下水杯，接着说道，"每个学科都要参与课堂展示哦，用学历案上课。"

"啊——学历案啊！"好几位同事听闻后不禁发出"感叹"，一时间办公室里大家都纷纷议论开了，这也难怪，大家对学历案这种新型上课方式的还在探索磨合，这一下子说要进行课堂展示，压力不可谓不大。

我有幸曾跟随校领导去嘉兴一中观摩听课，直观地感受了使用学历案上课的英语课堂，课堂上孩子们信心满满、侃侃而谈的样子让我印象深刻。这是真正做到"学为中心"的课堂，英语教师在课堂上的作用似乎更像是一位导游，学生则像是好奇的游客，主动自发地探寻着丰富的英语语言世界。从嘉兴一中回来后，我不由得一直在思考：如何让我们初中的孩子们也能在英语课堂上有这样自信而优秀的表现呢？通过学历案真的能让孩子们自主学习起来吗？敢想不如敢做，与其这样纸上谈兵，不如我亲自探索一番，毕竟实践是检验真理的唯一标准。于是，我鼓起勇气，主动向教研组长潘老师请缨承担这次的课堂展示任务。

群策群力，百密一疏

结合自己在研读《学历案的设计与应用》后的一些感悟，选择了人教版八年级上册第七单元的文章 *Do You Think You Will Have Your Own Robot?* 作为本次展示课的上课文本。接下来的几周，我把大部分的精力都花在了文本研读、学历案编写、上课磨课和修改上。每次上完课后，雷厉风行的潘老师就会组织英语组的所有老师，一起进行关于学历案的头脑风暴，让大家畅所欲言提出自己对学历案的疑问或建议，看看通过集体的智慧能否在正式的展示课前把这份学历案修改得更到位一些。

在最后一次试讲时，我看到了区教研员方老师也赶来替我把关了，虽有些紧张，但想想已经有过这么多次磨课试讲，还不时看到方老师微笑点头的样子，我对课堂的信心又上来了。下课铃声响起时，课堂内容刚好结束，我心中更加窃喜，觉得这次试讲堪称是自己课堂表现最完美的一次。

在之后的观课点评环节，方老师首先请大家为这堂生动有趣的公开课鼓鼓掌，然后说："许老师的这堂公开课让我们所有的英语老师都看到，不要觉得学生不会用英语表达或者表达不准确就不给学生机会，关键还是看我们的活动铺垫是否到位，铺垫到位了学生自然有话可说，课堂自然就活起来了。"

"接下来也请大家再次为英语教研组鼓鼓掌！"方老师说着对大家竖起了大拇指点赞，接着说，"一堂好课的背后一定是有一个好团队，相信今天这堂公开课之前磨课绝对不少于五次。但是……我们英语老师最懂转折词的意思了，大家猜接下来我要说什么？"方老师还俏皮地给大家卖了一个关子。

"存在的问题！"马上有老师做出了反应。

"没错！什么问题？"方老师追问道，老师们面面相觑，似乎都猜不透问题所在。于是，方老师揭晓答案："问题出在'作业与检测'部分。"我听了有些迷惑，因为几次的学历案编写和修改下来，我都认为这个部分是最容易设计、最不会出错的地方，甚至几次的上课磨课我都几乎忽略了这个环节。

方老师把手上的学历案递给我，我看到被圈画起来的一块内容是"作业与检测"部分：①完成书本2d练习；②完成《精彩练习》第四课时作业。

"许老师，此'作业'非彼'作业'。"方老师解释说，"你把作业设计等同于做练习题了。学历案的作业设计和评价任务一样，都要依据学习目标展开，关注到学生学习知识的经历，帮助学生检测学习成果，也是我们老师检查学生学习效果的手段啊。你不能把作业设计独立在学历案设计之外，这应该是一个整体。脱离了学习目标的作业设计就是无效作业了呀！"

经方老师这么一说，我有点醒悟过来，我确实忽略了作业设计在学历案编写中的重要性了——此"作业"非彼"作业"。学历案倡导的"教、学、评一致"原则让我一直比较重视课堂上的课堂评价任务和学习目标紧密贴合,因此在过去几次公开课展示中课堂效果都不错,但在作业设计上,我还停留在传统的依靠教辅书布置作业的阶段。作业设计作为学历案编制的最后一环,理应同样围绕学习目标展开,这样才能真正检测学生是否掌握和巩固课堂知识,促进学生课堂"真学习",才能真实反映老师的教学效果。

从"心"出发,探寻微光

我是个行动派,既然已经意识到了作业设计的问题所在,我便马上开始着手修改。一份学历案,学习目标是其核心,每一项设计理应围绕学习目标而展开。再次研读《学历案设计与应用》一书,我了解到所谓作业与学习目标匹配,是指在内容、难度和形式上,与学习目标匹配。于是,我对照 *Will people have robots* 学历案的学习目标:

1. 通过对标题和教材图片的解读,能预测文章大意,培养读前预测能力。

2. 通过略读和精读,了解文章的整体框架和细节内容,养成先整体后细节的阅读技巧与习惯。

3. 通过小组讨论,与同伴交流将来的机器人是否能够像人类一样思考这一话题,能清晰阐明自己的观点和理由,增强语用能力。

我认为这堂课的重点是:①训练基本阅读技能:读前预测、读中对阅读策略的适当运用;②读后能运用文本学习中用到的词块表达个人观点和理由。由此,我对作业设计进行了以下修改:①用课文中的单词填空,完成课文小结;②请发挥你的创造力,帮助学校食堂设计一款机器人并写一份简短说明。

我的设计思路是:通过学历案中任务二、三的学习,学生经历了运用不同阅读策略获取不同文本信息的学习过程,对通过略读获取文本框架结构信息和通过精读获得文本细节信息两项阅读技能有一定掌握。那么,第一项作业设计内容和难度上都贴合文本,通过单词填空,既能检测学生是否掌握文本结构和细节信息,也能检测学生是否熟练掌握了这节阅读课学习过程中涉及的相关词块。而第二项作业在难度上则是对第一项作业的提升,对应检测学生在任务四的学习后是否能运用课中学到的相关词块清晰阐明自己的观点和理由,这就要求学生在对文本解读到位的基础上还具备一定的模仿写作能力。

为了验证这次作业设计的有效性,我到八年级借班上课后,利用中午自习课30分钟左右的时间,请上课班级的同学们完成了我修改后的作业与检测部分。如往常一样,上课时孩子们表现出浓厚阅读兴趣,课堂讨论氛围热烈活跃,这都让我对孩子们的作业完成情况充满期待。但出乎我意料的是,即使在自习课结束又再给孩子们更多的时间,仍旧有不少孩子来不及完成我所设计的两项作业。为了不影响孩子们下午上课,即使没做完,我也把他们的学历案都收上来了。心中抱着不解和疑惑,我一份份地仔细地批改了所有孩子们的学历案,并进行相关的数据统计。

整整花了两节课时间批改,眼睛也有些酸疼,但心中还有好多疑问等着解开,于是我开始着手分析。从完成率看,第一项作业几乎所有孩子都完成了,第二项作业"给自己设计的机器人写一份简短说明",有近一半以上的孩子来不及完成。但让我更受打击的是有的孩子即使完成了简短说明,也丝毫没把这节课我们学到的相关文本词块用上,这是为什么呢?从正确率来看,第一项填空作业虽然孩子们完成得很快,但正确率只有70%左右,远低于我对这项基础作业检测的正确率的预期,这又是为什么呢?

第二天下午就是每周一次的集体备课时间,讨论完常规备课内容后,我向英语老师们发出了"求救信号":"你们看看我这作业设计是不是有问题,学生既来不及完成,而且正确率也不高。"

"我认为就两个原因,要么是你给的时间不够,如果时间是够的,那就是知识铺垫不够。"具有丰富教学经验同时也是英语组教龄最长的孙老师单刀直入,观点简明扼要。

"我赞同!"组长陈老师接着问,"许老师,第一项作业是为了检测学生对课文整体框架把握和细节内容把握,对吧?"

"陈老师,我就是这个设计思路!"

不愧是组长,一眼就看出了我的设计意图,他笑着说:"我觉得你这思路没问题啊,但是你对学情考虑得太少了,一个班级里几十个学生每个人的英语水平是不一样的,我觉得在进行作业设计的时候得考虑学生的个体差异。作业设计如果没有遵循由易到难的分层过程,就相当于一下让学生三四步迈上一个高台阶,有的人能做到,有的人做不到。你想想是不是?"

不得不说,陈老师的一席话如醍醐灌顶,令我瞬间抓住了关键词——"台阶"。这个"台阶"的意思不就是我们在教学过程中一直强调的搭建支架嘛!只有给学生提供足够的"台阶"和"支架",那么在学习过程中他才具备向上攀登的能力。

搭建"支架",迎来曙光

经过孙老师和陈老师的点拨,我开始思考作业设计中该如何分层搭建"支架",英语阅读课学习过程中老师能给学生提供的最小"支架"就是文本词块了,有了对文本词块的掌握才有对课文的整体和细节的把握,才能运用这些所学词块写出自己的机器人说明啊!

于是,我对学历案的作业与检测部分做出了如下调整:①请跟录音大声朗读课文两遍,读完后把你认为印象最深刻的词句用波浪线划下来,你认为难读或难写的词句旁打上三角号,可以向老师或同学请教读记的方法。②用课文中的单词填空,完成课文小结。③请发挥你的创造力,帮助学校食堂设计一款机器人并与同学讨论:有哪些关于这个机器人的关键词? ④请为你的机器人写一份简短说明。

学历案的课堂是"学为中心"的课堂,学生是课堂的主体,因此在这次作业设计的修改中,我不仅注意体现作业设计难度层次上的递进,也注意体现作业形式上的丰富,让不同英语能力水平的孩子在完成作业时能充当不同的角色,增强学生的语言学习自信心。如:在完成第一项作业的过程中,向同学请教读记方法的过程中,班级中英语能力水平强的孩子们就充当了"小老师"的角色,能帮助不少水平中下的孩子读记一些难词难句。在这一项没有"对错评判"的作业中,学生的学习压力较小,通过这项作业也能增加学生对难词难句的反复操练和掌握,为完成第二项作业做好铺垫,搭建了"支架"。同样,在为自己设计的机器人写一份简短说明前讨论关于这个机器人的关键词,设计意图也是希望孩子们在动笔写作前,能对于机器人这一话题相关的词块再次进行一番复习回顾,为完成后面的简短说明做铺垫。

一周后,第二次课堂试讲结束了,课后我请孩子们完成修改后的作业与检测,算上孩子们互相协助和讨论的时间,这次我给孩子们留了40分钟的作业时间。"支架"搭建完毕了,效果真的如我所料吗?

这次我有点不敢太自信了,请来了孙老师和陈老师帮我共同批改孩子们的学历案,批改后我们再次做了数据统计,令人欣喜的是不光作业的完成率是100%,课文小结部分的正确率也有大幅度提升,从之前的不到70%到这次超过80%。更让人惊喜的是,不少同学在写机器人的说明时已经开始模仿课文中的长难句式来表达了。这"支架"搭建得太有意义了,此时的我心里喜滋滋的。

这次的作业设计从易到难、由简到繁,满足了不同层次学生的学习需要,英语能力强的同学在作业中体会到了"小老师"的乐趣,英语能力偏弱的同学在作业中练有所得。作业设计中的恰到好处,形式丰富的建"支架"、铺"台阶",让学生每一步的学与练都落在实处,激发了学生的学习兴趣,甚至能主动对更高难度的语言表达发起探究,这不就是学生自觉提升学习力的表现嘛!

谁说作业只能检测学习,我说:"多维作业评价,助力'真学习'!"

拨云见日的生物课

叶启梦

学历案对很多人来说,是改变了教学的方式,当然也包括我。作为生物专业出身的教师,我总是"偏心"一点,总希望生物能"占尽好处",以下便是学历案与生物的那些事。

破土而出

一切都源于一次组内备课会议。

"本周开始我们要进行第三章"生命活动的调节"的教学,现在请主备人说明本周的新课备课情况。"组长大人按照惯例起了个头。

"总的来说,生物比较简单,记记背背就可以了。"

"上神经系统这类的课,学生都觉得没什么意思,一是太抽象了,二是他们觉得反正生物简单,背一下就可以了。"黄老师无奈地说道,"而且像我们这种不是生物专业出身的,上课都不敢多讲,就是按着书本说什么就讲什么,就怕说错了。"

黄老师的这番话一下子引起了大家的共鸣。

"是的,抽背上一届学生的知识点,学生经常混淆中枢神经系统、周围神经系统的组成和功能。当抽背学生相关内容时,学生的回答往往是一个字一个字往外蹦。像背英语单词一样。"

"在学习反射弧时,学生'神经中枢'和'中枢神经'也分不清的。这说明他们只是机械记忆。"

"学生能解释'植物向光性'的原理,因为书本中有,而且经常会考到,但是如果偶尔出现'植物向地性''植物负向地性'的原理解释时,错误率一下子就变高了,但这些本质上都是同一个原理——生长素分布不均匀,说明学生对生物的学习都是浮浅的学习。"

"因为考试翻来覆去就那么几个题目,死记硬背对他们来说就是最省力的方式。"

作为生物出身的老师,实在是不忍心看着学生这样对待生物。"我们能否有办法改变这种状况,让学生的生物学习也实现深度学习呢?"我试探地问道,"目前我们学校在研究的'学历案'就是深度学习的一种,我想从八上生物入手,依靠学历案,尝试下改变,大家觉得可行吗?"

老师们纷纷说道:"你有这个想法很好!大胆去试,需要帮助尽管吱声。"

于是,一颗种子破土而出,期待迎接不一样的风景。

初遇风暴

经过准备,我将"植物生命活动的调节"第二课时作为我的生物学历案首秀。因为这节课,除了常见的生物概念(植物的感性运动)外,还包含了简单生物的生理过程(植物激素),是学生选择学习方式的分岔路。我把吴老师邀请进我们班听课,心怀忐忑,惴惴不安。

45分钟后的427办公室,师徒两人的交流正如火如荼地展开。

"你自己觉得怎么样?"

"和传统课堂相比,学生确实'忙活'了许多,有些平时容易走神的学生也不得不将注意力集中在学历案上,集中在课堂上。但是学历案在我这里好像就是一个记录和练习纸,没有从根本上改变学生的学习方式。这也是我非常困惑的问题。"我如实说出了自己的感受。

"其实说到底,是学历案的设计与目标不匹配。在学习'植物的感性运动'时,你已经举例了常见的感性运动,如'叶片开合''花朵开合'等,但是在后面的'评价任务'中,这些常见的例子又不可避免地出现,考察的仍旧是记忆层面的东西。"吴老师一针见血地指出。

"我也发现了,在'生长素'这一内容中,大部分学生都能回答出植物向光性的原因是'生长素的不均匀分布',但奇怪的是,课后还有学生来问我'生长素为什么移动了''为什么两边细胞不一样大就会弯曲'等问题。"

吴老师赞同地点点头:"看来你也发现了,其实你怎么'评',学生就怎么'学',这是你这节课的第一个问题,这类记忆型的评价会加强他们的机械学习意图,主要目的变成了强化记忆,而不是反馈学生的正常情况。"

吴老师继续补充道:"第二个问题,你也提到课后有学生来问一些'生长素为什么移动''为什么两边细胞不一样大就会弯曲'等问题,这些本应该是在课堂上解决的,除了和你的'评价任务'未检测出来有关外,一定也和你的'评价任务'任务设计有关。你可以先思考下,如果是你,你会怎么学'感性运动'和'向光性'?"

"'感性运动''运动方向与刺激方向无关'这个否定的概念其实我一开始也比较难想象,后来是通过想象'叶片开合'这些动态过程,通过能否恢复,是否是生长运动去判断的。像'向光性',我是直接看图,就能模拟出一个类似的动态过程。"

"如果学生也主动去思考这些,是不是也就是深度学习呢?"吴老师继续说道。

一语惊醒梦中人,我兴奋地说道:"吴老师,我懂了。学生不是不想深度学习,是我没给他们机会。"

"你再改改看,过两天你再上一次。"

蓄势待发

不久,"植物生命活动的调节"第二课时学历案2.0终于出世了。以防万一,这次先把学历案给师傅看下。以下是第一部分修改前后比较:

学历案1.0 【学习任务1:植物的感性运动】:一组感性运动图片,推导出感性运动概念;学生举例常见的感性运动;学生比较感性运动和向性运动。【评价任务1】:判断植物的感应性。

学习任务2.0 【学习任务1】:一组感性运动和向性运动图片比较,学生对照片进行分类,并说明理由,归纳出感性运动概念。【评价任务1】:给出常见的植物感应性图片,判断感应性,并说明理由。

吴老师翻阅后,问道:"学习任务1的修改,你是怎么考虑的?"

"前后两个版本的知识目标都是一致的,就是能判断感性运动和向性运动。但是2.0版本更注重学生的思考。"我继续说道,"刚开始,都是为了引出感性运动的概念,但是在磨课时,发现学生光从'感性运动'的照片并不能归纳出其概念,最后还是我给出了答案。由于学生对概念认知不明确,导致之后的举例学生也是含糊不清。最后将'感性运动'和'向性运动'进行比较时,干巴巴的表格也让学生兴趣尽失,导致"概念的比较"环节成了我的讲评现场,也只有我将比较条目列出时,学生才发出'哦,原来如此'的声音"。

"那你现在将'一组感性运动图片'变成'一组感性运动和向性运动图片',有什么意图呢?"吴老师追问道。

"学生直接通过图片分类,进行'感性运动'和'向性运动'的比较,再根据归纳出的分类理由得出'感性运动'的概念。用这种形式,把原本的三个小活动整合成一个,整体性更强,只需要提供合适的照片,后续学生就能自主完成了。而紧随的'评价任务1'中增加了描述理由的环节,减少了机械记忆。"

吴老师赞同地点头道:"这是学历案活动设计的一种思路,课上你要做的要尽量少讲,学生思考的要尽量多。"

针对第二部分,吴老师又问道:"'评价任务2'我看你是大改了,你的理由是什么?"以下是第二部分修改前后比较:

学历案1.0 【学习任务2:向光性原理】:阅读课本向光性原理有关内容,补完填空(课本文字镂空);教师讲解向光性原理。【评价任务2】:写出植物向光生长的原因。

学历案2.0 【学习任务2】:根据学历案上给出的向光性原理图,完成填空(生长素的在光侧分布多;向光弯曲的原因是:背光侧的细胞数目和向光侧的细胞,但体积更;推测生长素的作用是_____);学生讲解。【评价任务2】:已知生长素也会受重力的影响而向下分布,请你从生长素的角度解释:为什么水平放置的茎会向上弯曲生长。

"'学习任务2'原本的设计中,学生有很大的'偷懒空间',修改后让学生光看图分析,他们不思考不行,不分析不行。在这个基础上,'评价任务2'是对原理的考查。在1.0版本中,最大的问题在于评价和活动的相似性太高,导致原理分析变成了原理背诵,所以我想通过不同的情景来检测。"我滔滔不绝地解释道,这次明显有了更多底气,"当把刺激因素从光变成重力,同样的原理学生能否分析呢?这就能检测学生是否真实理解了。不过我也一直有个疑虑,这样处理后,就无法考察生长素向背光侧移动了。"

"这确实是个思路,如果学生能情境迁移,就能达成目标了。但是目前的方式学生要写的文字太多,浪费时间,而且你下去巡视时,看的也会比较慢。除此之外,层次差的学生想不到这方面去,你能不能将向光性和负向地性联系在一起考查呢?当作是学生的阶梯。"吴老师解释道。

"我可以利用画图的形式来体现生长素的浓度区别和细胞大小区别。以一个实际照片为例子(体现向光性和背向地性)。分为两小问,第一小问:为体现植物向光性原理,在植物两侧用'.'表示生长素浓度,浓度多的'.'密集,浓度少的'.'稀疏。并在两侧各画5个细胞。第二小问:已知生长素在重力的影响下会向下分布,请你用同样的方法解释茎的负地性。"

"这种方法上课效率会更高,设计好学历案上的格式和表述,你可以试一试。期待你的下一次课。"吴老师说道。

经过吴老师的点拨,我决定再试试!

拨云见日

又是上完课的45分钟后的畅聊,吴老师拍了拍我的肩膀说道:"进步很大,你感觉怎么样?这是你迈出的生物学历案课堂第一步,你下一步打算怎么办?"

获得吴老师的肯定,我满心欢喜,但是革命尚未成功,同志仍需努力,在磨课、研课的过程中,我也为自己找到了方向。"我发现物理和化学类的教学侧重课堂实验活动,而生物虽然也有实验,但是大部分由于实验周期的原因直接呈现结果图片或原理图片。所以教材中的生物图片都是具有极高质量的。"我补充道,"我这次向光性的活动设计也是以图片为起点的,我想从插图入手,去设计有关的学历案生物课。"

吴老师点点头:"这不失为一个方向,今年的区小课题立项活动马上就要开始了,你可以试着以这个方向去写写课题,在一个课题为期1年的研究下,你会更加清晰。黄老师之前就写过有关教材插图的课题,你可以去咨询下她。"

说干就干,第一步,确定题目:"基于学历案的八年级生物教学中关于教材识图教学的应用研究。"接下来就是简单的插图分析了,我发现教材中的生物插图大致分为形态结构图、实验操作图、生理活动图这三类,分别对应不同的学生能力要求。如何将单调的图变成学历案里丰富多彩的活动呢?我寻求黄老师的帮助。

黄老师说道:"教材中的图片都是相对严谨的,尤其是生物图片,不但严谨还包含了很多逻辑信息,如果学生能提取这些信息,无疑会大大增加学习的学习能力。"

"对啊!学历案可以确保学生提取信息的有效性,从顺序、动态化、结构等不同角度看图片,不就可以衍生出不同的活动了吗?多谢黄老师的提醒。"

向阳而生

课题思路迅速成型,编写申报表,研究方案,在经历了快一月的等待后,一条短信弹了出来:"下午好,在刚刚公布的拱墅区2021年系列课题立项评审结果中,我校7位老师的课题顺利立项,特此祝贺!"激动地看着短信里我的名字,我知道,学历案研究之路才刚刚开始。

学历案会是生物课堂教学的春天吗?离课题结题还有一年时间,希望这颗种子能向阳而生,茁壮成长!

"历"中有道 行则将至

李添文

寻觅·行思坐想

从我走上教师工作岗位起,我就暗自立下"心无旁骛,甘守三尺讲台"的志向。作为青年教师,站上讲台、站稳讲台、站好讲台,需要教师具备良好的职业道德操守,还需要教师能运用行之有效的教学模式,采纳灵活多样的教学方法。

教学是教师的专业实践,我写过传统的教案,了解过导学案,使用过课堂学生学案,我还学习过微课制作,诸如此类。眼花缭乱的教学实践方案与手段,究竟哪一种更适合学生?

我深知教师的角色是学生学习的促进者,可是在设计教案的时候,我应该怎样把重心放在"何以学会"上来?直到我遇到了学历案。在学历案教学中突出"以学生为中心"的主体参与、自主学习的主体地位,变学生的"被动学习"为主动学习,使学生能够在学历案的引导之下,通过自主学习、合作探究、巩固训练等环节的调控,充分发挥自己学习的主动性,提高课堂的教学效率,以达成学习目标最大限度地落实。回顾接触学历案的这几年,我尝试着去理解,去实践这种符合学生学习规律的创新教学形态。

初见·心生向往

心之所向,身之所往。接触学历案的那年,我初到拱宸中学,还是一个初来乍到的教学新手。在郑明华校长和学校教导处张银华老师的带领下,学校一行人赴嘉兴一中学习学历案教学,我有幸作为其中一员,与大家共同零距离去感受"学历案教学"的魅力与内涵。

出发之前,我上网查询、阅读相关书籍等,对学历案教学有了一点粗浅的了解。学历案是一种教学方案,学历案是一个学习的脚手架,学历案是一种课程计划……学历案在课堂中究竟如何操作?这个学历案,能破解教与学之谜吗？我阅读了这些资料后，脑子里依然充满了问号。

走进嘉兴一中，教学研讨活动精彩纷呈，问号被一个个解开。我认真聆听专家的报告，专心观摩老师教学，积极参与听课老师的热烈讨论……边听边记，边听边思考，学历案无以言表的魅力竟这样一点一点被我体悟到了。嘉兴一中的老师们扎实地边研究边实践，将学历案教学运用于各门学科。从教师的备课、学历案的编辑、知识网络的建构，到学生的课前预习、课堂笔记、课后小结，再拓展到教师个人规划、学生自我计划的制订等方面，均加以尝试和运用。课堂中，老师一次次地引导，有效地追问，将学科核心素养无痕渗透，学生关键能力的培养水到渠成，真正改变了教师的教学行为，转变了学生的学习方式。徜徉在那样的课堂，我心驰神往，不禁想："如果可以，我愿化作学生，沉浸在这样的课堂学习中！"

亲历·塑造风景

嘉兴研修，箴规磨切，见贤思齐，我的教学研究和改革的热情被点燃了。回到学校后，我迫不及待地跟同事们分享研修感受。

同事们笑着问："你学了那么多，也上一堂学历案的课给我们瞧瞧！这样我们才感同身受……"

"这……"我一时语塞。

心已远，身却未动。我有这样的机会和胆量去尝试并展示学历案的课吗？这似乎还是很遥远的事。

就在我的热情一点一点消减的时候，任务从天而降！

那天我忙着处理班级管理的杂事，教研组长挥着几张纸兴冲冲地跑到我办公室里。

"小李、小李，展示你教学技能的机会来了！"

"组长，你没弄错吧？新教师汇报课我老早上过了。"

"不是汇报课，是更好的锻炼机会……"组长神秘兮兮地把手里的那些纸塞到我眼前。

我定睛一看，原来是学校下周进行各学科学历案教学展示的通知，而社会组就推荐我来承担展示课任务。

"我还是一名新老师,刚刚接触学历案,这么重要的任务,恐怕辜负了组里老师的期望。"我颇有些忐忑。

"年轻人大胆去尝试!全组老师可以一起磨课。"

想到组里老师的支持,想到对嘉兴一中课堂的向往,我的手心攥紧了通知,点头应允。

学以致用,以用促学!随即我便开始备课,认真研读课本,吃透单元学习目标;仔细研读教学参考书,吃透教材编者给出的学习重点和难点;反复研读文本。

记得当时准备的是人教版七年级下册《历史与社会》第四单元的"高原圣城——拉萨",这是一堂人文地理课。这一课主要介绍拉萨人文环境,需要学生了解拉萨特殊的地理环境孕育独特人文环境。一节课只有45分钟,45分钟引导学生"学什么"呢?"怎么引导"呢?拉萨这座城市,地处我国西部,又位于高原,对于杭城七年级的学生来说,是一座距离感很大的城市,这种情况下,情景式导入就显得尤为重要。单位时间内必须把此文本在这个单元承载的"知识与能力"重点教给学生,而且要教给学生体会"一方水土养一方人",能够从不同侧面描述拉萨的城市特色,感受浓厚的宗教文化氛围在拉萨人们生产生活的影响,体会拉萨的城市建设的变化,感受拉萨人民生活水平的不断改善。经过仔细地教材研读,我把学习的重点放在训练学生的概括能力、思维能力上面,把难点放在补充探索拉萨生活事例中包含的神秘"圣"城上面。

考虑到杭州地区的孩子们对拉萨的了解不是很多,我在导入环节使用了《青藏高原》这首歌,从而让学生有身临其境的感受;在分析拉萨的地形时使用了谷歌地图,让教学更有实景感。通过系列环节,最终让学生掌握分析自然与人文特征相互联系的方法。

课堂教学只有不断打磨,不断出新,才有可能达到完美。在正式上课前,我多次组内研讨,六次借班试讲,六次修改学历案,六次调整课件,每日只要有空就冥思苦想如何把学历案设计得更好,这是我从教生涯中前所未有的经历。最终,那一堂课小组合作井然有序,互帮互助,乐此不疲,学生侃侃而谈,彬彬有礼。嘹亮的藏族歌曲萦绕在耳边,洁白的哈达飘落在肩头,我站在讲台上心潮澎湃,眼前那一双双求知若渴的眼睛,一只只高举的小手,是课堂上亮丽的风景。

铭记·功在不舍

在那次公开课之后,自己内心也留下许多的"遗憾"。郑明华校长约我在她办公室进行了一次长谈,我把自己上课的经历及感悟一股脑儿说了出来,而郑校长以一位前辈的身份给予我极大的鼓励。郑校长教导我,"学历案"教学要学会顶层设计,需要执行力,需要见效益,作为新教师要有生涯规划的提升能力;"学历案"教学不是人云亦云,不是标新立异,需要服务学生的可持续学习能力。她建议我,要把新的教学理念内化于心,外化于行,夯实"教、学、评"一致性。

那些循循善诱的话让我记忆犹新。教学中"条条大路通罗马",开阔通达也好,曲径通幽也罢,各具特色。传统的或是常用的教学道路当然是选择直达的大路,一路直行,畅通无阻,但缺少游历的风景。学历案课追求的是学生学习的过程,期间教师就像导游一样给予学生指导,在别样的路径中寻觅风景,在一路探求中奔向终点,在师生的碰撞交流中掀起波澜,使旅途的风景成为深刻的记忆。思路决定出路,一堂精彩的学历案往往带来教学中的精彩无限。

研一段,悟一段,几年中"学历案"的教学让我百感交集。每一个活动的每一个细节,都要你仔细构想设计,因为害怕产生遗憾;每一次备课、上课你都要全身心投入,因为担心遗漏了什么闪光的创新,或是摸不透学生是否真正学会了。

的确,上好一节课不容易,但也并非高不可攀,无计可施。只要正确认识学历案教学的实质,锲而不舍地追求优质教学,把握课堂教学之"道",运用课堂教学之"术",一定能达到学历案课堂教学效果。学历案的探索与实践,对于一线教师而言,既是一场思想上的革命,也是一次教学方式上的革命。以学生成长为本,是学历案教学模式的灵魂。教育教学的重心从满足学生的要求逐步转向满足学生自身成长的要求。这种教学模式的目的是让学生学会自主学习,合作学习,在交流展示中获得自信而勇于学习。

我深知教学不能满足于现状,更不能自我陶醉,沾沾自喜。我也相信,只要你把所做的事当成重要的事,而且坚持去做,那么你一定能做成事。

自我"铸魂、塑形、赋能"

黄芳芳

2016年听说"学历案"这个新生词时,导学案还在如火如荼地进行,当时我心里是存着很大的疑惑的,换汤不换药,换个名称而已,万变不离其宗。2017年6月,学校邀请了华东师范大学课程研究所崔允漷教授对学校课程建设中"学历案"的撰写进行指导,当时主要是数学组的老师重点在参与,我本着了解学习的态度去旁听,初步认识了什么是"学历案",因为案例是关于数学的,当时并不是很懂,只是隐隐觉得好像是不一样。看着数学组老师听专家指导热切的眼神,感受到了他们虚心求教的热情,我觉得改变课堂教学方式是一件很值得尝试的事。还未改变,但已埋下了改变的火种。

重铸教育的理念

2017年下半年在学校的推进下,我们科学组也开始尝试编写学历案,当时我们拿到手的是高中的学历案模板,初中科学学历案找不到任何参考。组内老师也有一些不同的声音,有不理解的:"不就是教个书嘛!只要能把学生教懂,怎么教不都一样吗?折腾啥,弄个三两年说不定又不了了之了。"有抱怨的:"又是当班主任又是教学,今天这个开会,明天那个任务,平时已经够忙的了,就不要再折腾我们了。"当时作为才担任一年多教研组长的我也表示很担忧。但任务必须有人做,还好当时有一批老师愿意尝试,就这样在半自愿半强迫下,35周岁以下的科学老师先动起来了。不试过怎么知道行不行呢?我们一边自学,一边模仿高中的学历案,写出了我们的第一稿以课时为单位的初中科学学历案。同时学校领导对课堂教学的转型态度很坚决,也在不断地外出考察学习,实地观摩"学历案"课堂,不断组织全校教师参与学历案通识培训。这也让老师们时不时动摇的心坚定了很多。学校聘请推广"学历案"已取得一定成效的元济高级中学有丰富经验的老师组成专家团队对我们编制的学历案进行审核并提出修改意见,我们根据专家意见反复修改,从格式到目标的拟定、从活动设计的合理性到评价的一致性,逐渐完善。对学历案的了解越多,愿意参与学历案的老师也慢慢多起来。关键,我们发现通过学历案模式的备课、上课,真的对自我提升和学生的培养又切切实实的帮助。在这个过程中我更加能体会到教育是为了未来培养人才,我们需要重铸教育的理念,不能耽于现状。

在实践中塑形

到2018年上半年,以学历案为载体的"教、学、评一致性"研究与实践在各教研组全面铺开。科学组也成立了学历案核心小组,以骨干教师为引领开始深入践行学历案。同时拱墅区举行首届"中小学优秀教研组"评比,7月份我写了科学组的相关材料信心满满的参与评选。9月份结果出来时给了我一个沉重的打击,落选了!我开始反思,我们各类评比中市区级荣誉也不少,所以并不是我们的组员不够优秀;一个优秀的教研组不仅仅要组内教师在各类教学能力比赛、课题、论文等评比活动中获得较大成果,更重要的是教研组在学科建设、课程改革等方面要有特色。想起以前看到这么一句话,"一个人可以走得很快,但一群人可以走得更远",作为教研组长的我除了要关注教研组这个团队中每个人的成长,发现和应用每个人的长处,更有义务把大家组织起来使团队的目标一致且持续执行下去,才能走得更远。眼下的课程改革就是契机,也是我们一致的目标,这使我更加坚定了带领科学组实施学历案的决心。

有了目标就有了前进的方向,我们定期开展有主题的教研活动。核心小组教师先行实践学历案阶段,学历案对于我们来说是新的教学模式,大家都是"新"教师。我们采用的是"个人同课多次实践"的课例研究模式,通过七步骤推进,即核心组成员教师个人根据某一板块的教学内容,反复上课实践,核心小组成员反复听课和评课,我们借助课堂观察量表找出教师行为和学生行为的比重,分析学习过程设计的合理性,探索优化改进的方法。通过这些过程授课教师的教学行为呈螺旋状改进。具体流程一般为:授课教师备课、上课,其他教师听课后,进行磨课点评和帮助,随后再上课、再打磨,根据实际情况,确定打磨的次数,达成学历案教学评一致。授课教师必定能够在这个过程中吸收众家之长,获得教学水平新一个层次的提升;其他教师也在听课磨课评课中不断学习提高,实现共同进步。在每个学期的新教师汇报课上同一备课组的教师则采用学历案同课异构的模式,充分发挥教师的主观能动性和教学创造性。参与听课的老师通过互助式观课的方式,以尊重差异、发现优点的眼光,从各自的某一课堂观测点去评价授课教师的课堂,对教学进行无私的研讨、分析和切磋,共同提高教学水平。我们通过基于学历案的课例研究模式的组本培训,比较全面地提高了教师设计学历案的能力、执行学历案的能力、课堂指导学生的能力,以及提高了教师评价的能力。

2020学年为进一步深入推进课程改革,坚定"学为中心"的课堂变革方向,科学组七、八年级两个备课组的所有老师开始尝试大单元学历案常态课教学实践。充分发挥团队的力量,通过"实施+讨论+改进+实施+研究"协同进行的高效模式,随时随地进行集体备课,力争让每一份学历案都发挥其最大的作用,促进"学为中心""课堂均衡"的落地生根,促进"深度学习"真正发生。遵循"以生为本,让课堂更具有生命力"的理念,我们在实践中不断尝试,不断"塑形",让课堂呈现最佳的状态。

水到渠成的赋能

学生在学历案模式下的课堂中,不断成长,不断进步。师生共成长,我们科学组教师以"课堂实践"与"科研思考"两手抓为目标,以学历案项目为指导,围绕学校在杭州市成功立项的教研课题《基于学历案的初中课堂教学设计与实践》开展教科研的过程中,不仅让原来不认可、持怀疑态度的老师认可了学历案"教、学、评一致性"的课堂模式,并主动参与学习实践,还让参与的老师也飞速成长起来。叶思宇老师从2016年参加工作以来参与学历案项目成绩显著,近两年来开设学历案交流展示课,获专家和同仁的好评;所撰写的多篇融入学历案相关理念的论文中一篇获市三等奖,两篇获区二等奖。吴文萍老师评为2019年杭州市教坛新秀,公开课获区"新秀杯"一等奖,在拱墅区九年级生化复习教学课堂展示中执教"探究铝碳酸镁片的主要成分"学历案展示课,获得高度好评。杜鹃老师杭州市初中科学青年教师研修班优秀学员,在2019年拱墅区九年级物理复习教学课堂展示中执教"论:

一个滑动变阻器的自我价值"的学历案展示课;赴北京参加中国教育学会主办的首届全国课堂教学研讨会,做"摩擦力"教学说课展示交流。郑燕老师在2020年杭州市初中科学中考复习研讨活动中执教"抽屉柜安全性的研究——杠杆复习",并做"中考物理复习有效性提升的策略研究"的主题报告,2020年被评为运河名师,今年被评为省教坛新秀。2018—2020年本组有区立项课题2个,在各类评比中获市级荣誉6人次,区级荣誉26人次。2020年7月我整理科学组资料参加拱墅区第二届"中小学优秀教研组"评比,这一次势在必得。10月,我代表科学组参加现场汇报,通过了专家评选并入围。11月,我撰写并递交本组教研活动典型案例,并通过第二轮实地考核。有学历案项目,一切好像变得理所当然。

2020年12月,在郑明华校长带领下科学组代表参加拱墅区第二届"运河之声"课程教学节开幕式暨"基于学历案的课堂变革"研讨活动,科学组做题为"历三年实践,促素养发展"的以学历案为载体的课堂实施成果汇报,并开设课堂现场展示。这一天我也如愿代表科学组领回了"区优秀教研组"的奖牌。

我组学历案为载体的科学课堂从开始实施到深入研究,不仅在市区范围内有了较大的影响,开设的展示课吸引了省内外同仁前来学习观摩研讨。先后接待了来自温州瓯海梧田一中、桐庐方埠初中、郑州第五十二中学的骨干教师。2021年4月缙云县科学教研员吕奇男老师带着44位初中科学骨干教师走进了拱宸中学的科学课堂,进行为期四天的浸润式学历案主题观摩学习。

承上启下,对于教育模式,我们心存敬畏,不断实践、不断求索。"铸魂、塑形、赋能",在学历案模式探索中我们坚持教育者的初心。先进教育理念的掌握和教学行为的提高是一个艰辛的过程,只有经过不断的实践、反思,才能提高对理论的认识,从而提高教学水平。"齐心协力,共同进步"是我们每一位组员心中共同的歌。"轻负高质"是我们不断追求的目标。为了学生更好的成长,我们将一如既往坚定地走下去。

化"复"为"深",绽放光彩

吴文萍

从教求索十二年,有迷茫彷徨,也有坚定前行,学历案应该是我迄今求索途中最美好的遇见。有些遇见是偶然,但遇见学历案绝非偶然,那是我校校长、每一位基层老师和教室里的每一位学生的共同追求。在我致力于深挖复习课的学科本质的课堂实践过程中,学历案功不可没。

苦恼:烦且累

时光来到四月末,春天的气息有时让这些青春期的孩子们躁动不安。或许是上一堂课的老师拖课了,课代表没有来搬作业,中考越来越近,孩子们也越来越忙,时常会显示出疲惫。捧着一大沓《五年中考三年模拟(化学)》,我艰难地走向五楼,走进教室,许多同学仍然埋头刷着习题,并未发现我已经走进教室。发练习→讲解练习→订正练习→完成练习→批改练习→发练习……我和同学们都进入了这让人生厌的无尽循环中。

这样的中考复习模式,我不喜欢,其他老师不喜欢,所有学生都不喜欢,为何我们每一个人却仍然深陷其中呢?因为刷题确实有一定的效果,所有人都没能找到比刷题更有效的中考复习方式,所以大伙儿都在无奈中继续越陷越深。

"每天刷题,第一轮化学基础知识的复习效果还是不错的,但现在进入第二轮复习,学生探究题、能力题都做得很差,题目都快讲烂了还是做错,复习效果实在太差了,究竟应该怎样复习才能起到效果?"备课组会议上,厌恶现状的我带着困惑求助其他老师。

"刷题、讲题对于基础知识的全面复习还是有一定效果的,但是在教学的深度上还是远远不够的。"

"对,学生的化学学习能力没有提升,缺乏化学学科素养,所以一遇到开放性的素养题就遇到难题。"

"这样下去是不行的,除了做题,我们一定要在最后阶段做出调整,设计目标明确、有深度的化学复习课,提高学生能力!"备课组长段老师严肃地说。

"我们可以尝试在化学复习课中运用学历案进行教学,我觉得我们现在的复习课主要问题是:第一,课堂目标模糊,落实和评价困难,也缺乏素养导向;第二,教学目标、评价和学习任务分离;第三,教学缺乏有意义的情境和有层次的任务驱动,学生的学习兴趣和学习积极性很难调动。学历案不正好能解决这些问题嘛!"我越说越兴奋,仿佛发现了宝藏。

寻找:立足目标

准备开始运用学历案进行化学中考复习,目标的设计是关键,而学习目标必须要选好立足点,立足点在哪儿呢? 正在苦思冥想的时候,突然灵光一闪,想到了一个月前区教研员于老师的一次讲座,讲座中列举了化学中考题如何体现化学学科本质。中考是指向标,化学复习学历案课堂的立足点就应该是化学学科本质,复习课设计中只要能够充分体现化学学科本质,学生的化学学科素养就一定能够得到发展。

然而生物专业出师的我对化学学科本质却仍然一知半解,急于做出改变的我翻找着课程标准、讲座资料、网络资源,发现《义务教育化学课程标准(2011年版)》指出:化学是在原子、分子水平上研究物质的组成、结构、性质及其应用的一门基础性自然科学,其特征是研究物质和创造物质。基于学科本质,化学学科具有区别于其他学科的特殊要求,需要在原子、分子水平上从定性到定量地研究物质的组成、结构,需要运用模型思维、实验探索、符号表征等化学学科方法。

找准立足点,我迅速开始了学历案化学复习课的设计和实践,实践中仿佛找到了一盏明灯,期待着学生的变化!

初试:卓有成效

离中考还剩最后一个月,时间的紧迫对老师的课堂教学效果提出了更高的要求,区教研员进入课堂进行中考复习调研。

揣着"碳和碳的氧化物"复习课学历案坐进会议室的我内心紧张不已,

就在刚刚,教研员于老师走进了教室聆听了我的这节复习常态课。于老师清了清嗓子,有意缓和了一下紧张的气氛,开始了对课堂的点评。

"吴老师运用学历案展开这节复习课效果还是非常不错的,整节课学习目标清晰,课堂一开始能够通过学习目标的展示,让学生明确本堂课自己要达到的目标,这一点很好。教学过程的设计都清晰地对应目标,并在课堂上及时进行评价。学生学习活动充实,传统复习课学生的学习方式以被动输入为主,而学历案的复习课通过学生不断地主动输出,将知识内化并联结。本节复习课将化学学科本质外显化(如图1),这一点是非常值得肯定的,只要坚持这样的课堂,相信学生的学科能力一定能达到明显的提高!"听到于老师的肯定,我不禁舒了一口气,也露出了欣慰的笑容,为自己选择的化学学历案复习课方向感到高兴。

专题 碳和碳的氧化物

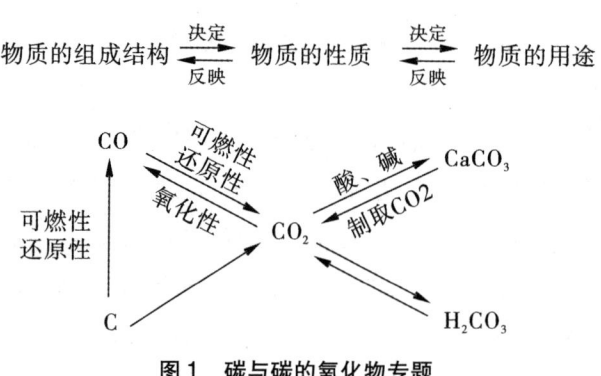

图1 碳与碳的氧化物专题

坚定:深入素养

结束了中考复习课调研,正想松口气的时候,隔天却又接到了教研员的电话:"吴老师,我和郑校长商量后决定,想让你在区里上一堂学历案的化学中考复习课。"听到这一消息的我,除了紧张却也不禁感到兴奋。心里有个声音告诉自己:这次展示课磨课的过程,一定会在教研员的帮助下更好地促进我对体现化学学科本质的学历案课堂的理解,也能够让我听到更多不同的声音。

我的学历案教学设计主题是"定量探究碱式碳酸铝镁的组成"。以"利用分解反应定量探究物质的组成"为主要内容,将"质量守恒定律"这一核心知识作为发展学生化学学科核心素养的载体。以定量探究碱式碳酸铝镁的组成为主线,依据学历案设计的原则和核心要素,设计体现化学学科本质的教学。

一周之后,于老师前来为我磨课,同行的还有文晖中学的顾老师,早就听说过顾老师的大名,在化学教学上是绝对的专家,有绝对的发言权。"你的课堂为什么说是学历案的课堂,学历案是什么？你的教学设计跟没有用学历案有什么区别呢？"顾老师略带讽刺的语气瞬间让我不知所措,我立即向顾老师求教。顾老师指出："学历案的课堂注重学生学习经历,而课堂上你直接给出定量探究物质组成的实验方案,未考虑到学生缺乏真实的学习体验,不利于其主动学习的推进,是否能够为学生搭建合适的支架？"经顾老师指点后,在设计实验方案前增加"电解水实验"复习环节,通过分析实验的宏观现象,得出结论的方式,引导学生进行思考,如下述案例：

学习任务(一)——定量探究物质组成的方法(学习目标1)

1. 复习电解水实验

(已知:同温同压下,气体的体积比等于气体分子个数比)

实验现象　结论(宏观或微观)

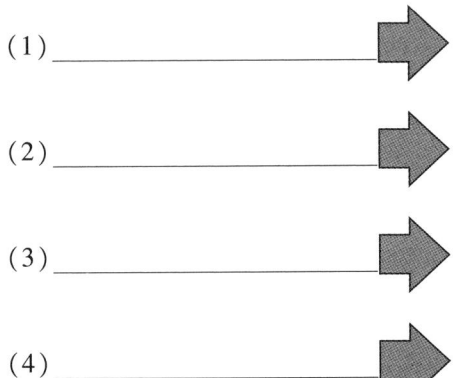

(5) _____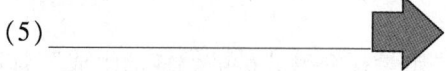

化学理论依据:

于老师也耐心细致地对学习目标的设计进行了修改,突出化学学科的本质,落实学科核心素养(如图2)。

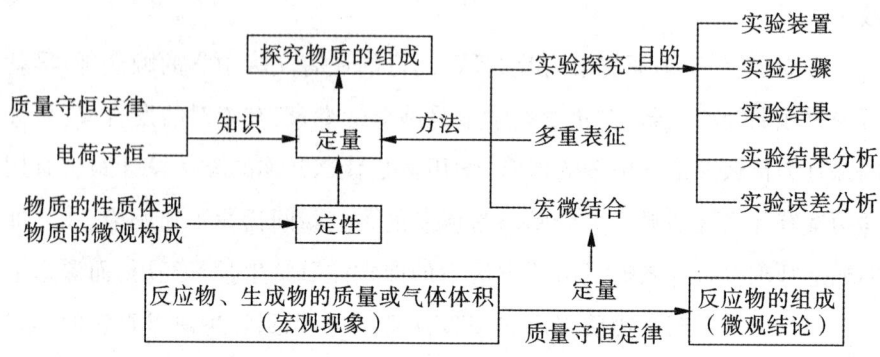

图2 探究物质的组成

在偌大的会场舞台上,我的展示课已经结束,作为评课教师的顾老师登上发言席,我的内心无比紧张,担心直率的顾老师又会说出怎样犀利的点评。"吴老师的这堂学历案展示课有很多的亮点和特色:以学生为立场,解决真实情境问题为驱动,以实验探究促认知,思维建模作突破,多重表征促建构,是一堂有深度的好课!"听到顾老师的肯定,终于让我内心再一次坚定起来。

学历案的复习课堂实践和落地,让我们在现阶段获得巨大的成功。学历案的复习课堂,没有一大堆散乱的知识点,而是立足学生解决实际问题,指向学科素养的有价值的学习经历。课堂看似简约,却精彩不断,精彩在于学生的迁移运用知识的能力,精彩在于老师无声无息的帮助,精彩在于遇见更好的你与我。

第三部分

看，初中学历案精选

事物性说明文专题阅读

王　华

【学习主题】

人教版《语文》(2017年版)八年级上册第五单元(4课时)。

【课标要求】

1. 抓住事物的特征,理解说明顺序,确定说明重点。

2. 学习和掌握各种说明方法,如下定义、举例子、做比较、打比方、分类别、画图表、列数字、引用等。

3. 了解说明文语言的特点。

【单元学习目标】

1. 通过浏览,能够区别说明文与记叙文,初步了解事物性说明文和事理性说明文的文体特点,提升审美鉴赏能力。

2. 通过精读和略读,掌握说明文写法上"说明事物要抓住特征"的核心特点,提升思维的发展能力。

3. 通过思考和讨论,初步掌握常见的说明方法,如下定义、举例子、做比较、打比方、列数字,加强语言的运用能力。

4. 通过比较阅读,学生能够体会说明文语言严谨、准确的特点,了解说明文语言风格的多样性,并最终能够在实际情境中进行写作,提升审美鉴赏和创造能力。

【课时学习目标】

本专题共有五课时,与其对应的学习目标如表1所示。

表1 课时学习目标

	核心目标				课型	部分情景设置
主题单元目标	1. 通过浏览，能够区别说明文与记叙文，初步了解事物性说明文和事理性说明文的文体特点，提升审美鉴赏能力。 2. 通过精读和略读，掌握说明文写法上"说明事物要抓住特征"的核心特点，提升思维的发展能力。 3. 通过思考和讨论，初步掌握常见的说明方法，如下定义、举例子、做比较、打比方、列数字，加强语言的运用能力。 4. 通过比较阅读，学生能够体会说明文语言严谨、准确的特点，了解说明文语言风格的多样性，并最终能够在实际情境中进行写作，提升审美鉴赏和创造能力				教读课 自读课	借助这个主题单元习得的知识，学生在实际场景中选择适合的语言，完成"多媒体白板"的说明性文体写作
起始课 整体感知	√	√			教读课	写作
《中国石拱桥》		√	√	√	教读课	口语表达
《苏州园林》		√	√		教读课	口语表达
《梦回繁华》		√	√	√	自读课	改写文本
《蝉》		√	√	√	自读课	口语表达
整合与提升	√	√	√	√	教读课	写作提升
	目标1	目标2	目标3	目标4		

【大任务】

如果说长城是中华民族挺立的脊梁，那么大运河就是流动的血脉，蕴藏着中华文明数千年延续不断的神器，沟通南北，贯联古今，通向未来。六年来，沿线城市破旧局，开新篇，不断为这条承载着华夏文化基因的大动脉注入新的生机与活力，让这条大运河在新时代焕发出更加动人的魅力。2014

年6月22日—2020年6月22日,中国大运河申遗成功6周年。

请你完成一篇关于有关杭州市拱墅区大运河的一处文明建筑或文明遗迹的介绍。评价量表如表2。

表2 评价量表

内容	优(良)	评定		
		1	2	3
1.抓住说明对象的特征	①观察仔细,比较找出这一事物与别的事物相互区别的地方;②实践了解;③查阅有关资料把事物特征写具体			
2.合理地安排说明顺序	有明确的说明顺序以及正确使用表示顺序的词语			
3.采用恰当的说明方法	灵活使用多种说明方法			
4.有明确的语言风格	本篇文章中语言风格统一。如,是平时性语言还是文艺性语言			

【资源建议】

1. 了解文学的体裁,进而了解说明文和其他文体之间的差别,事物性说明文和事理性说明文之间的差别。如《中国石拱桥》《苏州园林》《梦回繁华》都是典型的事物性说明文,《蝉》则是介绍事物与阐述事理交错,以介绍事物为主。

2. 阅读这三篇文章,可以通过精读、略读和浏览理解文本,通过自主探究,小组点评等方式,深入了解文章行文思路,文章词句运用,文章写作手法运用,并能进行交流。

3. 写作是语文核心素养的综合体现。找出三篇文章共通的地方,如说明方法;也可以找出不同之处,比如文章的语言风格有的说明文以平实见长,有的以生动活泼见长。掌握这些说明方法及语言风格,并能在自己的文章中进行灵活运用。

第一课时 整体阅读

【课时目标】

1.通过默读四篇课文,简要描述你所感知的四篇课文的主要内容,增强语言的感知能力。

2.比较分析,了解说明文与记叙文的差异,初步了解四篇文章的写作对象和写作目的,提升语言的感悟能力。

【评价任务】

1.完成活动一。(检测目标1)

2.完成活动一和二。(检测目标2)

【学习过程】

课前准备

学习并了解"文体知识"的概念。文体包括文章体裁和文学体裁。文章体裁包括记叙文、说明文、议论文、应用文;文学体裁包括诗歌、小说、戏剧、散文。

活动一:

思考1:通过默读,学生独立思考四篇文章分别写了什么。

活动二:

精读以下两段文字,学生完成文体知识的学习。

思考2:默读材料,两段文字分别出自《白杨礼赞》和《中国石拱桥》。这两篇文章体裁是相同的吗?

片段1:它没有婆娑的姿态,没有屈曲盘旋的虬枝,也许你要说它不美丽——如果美是专指"婆娑"或"横斜逸出"之类而言,那么白杨树算不得树中的好女子;但是它却是伟岸,正直,朴质,严肃,也不缺乏温和,更不用提它的坚强不屈与挺拔,它是树中的伟丈夫!当你在积雪初融的高原上走过,看见平坦的大地上傲然挺立这么一株或一排白杨树,难道你觉得树只是树,难道你就不想到它的朴质,严肃,坚强不屈,至少也象征了北方的农民。

片段2:永定河上的卢沟桥,修建于公元1189到1192年间。桥长265米,由11个半圆形的石拱组成,每个石拱长度不一,自16米到21.6米。桥宽约8米,路面平坦,几乎与河面平行。每两个石拱之间有石砌桥墩,把11个石拱联成一个整体。

练习1:简要分析两段文字写法上的不同。步骤:先个人思考2分钟,然后全班讨论。

思考3:默读材料,两段文字分别出自《蝉》和《苏州园林》,这两篇都是说明文,它们的写法上有区别吗?

片段3:蝉的隧道大都是深十五六寸,下面较宽大,底部却完全关闭起来。做隧道的时候,泥土搬到哪里去了呢?为什么墙壁不会塌下来呢?谁都以为幼虫用有爪的腿爬上爬下,会将泥土弄塌了,把自己的房子塞住。其实,它的动作简直像矿工或铁路工程师。矿工用支柱支撑隧道,铁路工程师用砖墙使地道坚固。

片段4:苏州园林与北京的园林不同,极少使用彩绘。梁和柱子以及门窗栏杆大多漆广漆,那是不刺眼的颜色。墙壁白色。有些室内墙壁下半截铺水磨方砖,淡灰色和白色对衬。屋瓦和檐漏一律淡灰色。这些颜色与草木的绿色配合,引起人们安静闲适的感觉。

活动三:

探究活动1:请你在三篇课文中,任选一篇文章,与课本前一单元的任意一篇文章进行比较说明。你觉得两篇文章有哪些地方的差异。可以自己设计一张表格说明。

例子	差异1	差异2	差异3	差异4
《中国石拱桥》				
《 》				

【作业与检测】

写作:通过学习这节课,运用你习得的知识,试着写写"教室里的多媒体白板"。要求:正确区分散文和说明文文体。

第二课时 《中国石拱桥》

【课时目标】

1.通过默读课文,初步了解《中国石拱桥》《蝉》的写作顺序与段落内部结构,理解作者行文思路,提升思维的发展和提升。

2.通过精读,掌握说明文写法上"说明事物要抓住特征"的核心特点,进一步了解中国石拱桥,激发对民族文化的自豪感,增进文化的理解能力。

3.通过讨论交流,初步把握说明文的文体特征,能够在文章中找出说明文的常见说明方法,如举例子、列数据、作比较、下定义,加强语言的建构和运用。

【评价任务】

1.完成思考1,思考2。(检测目标1)

2.完成讨论1,练习1。(检测目标2)

3.完成练习2。(检测目标3)

【学习过程】

活动一

讨论1:桥,在我们的生活中已经变得随处可见,同学们,你们都见过什么类型的桥呢?(引出石拱桥,出示石拱桥的图片)我国素有"多桥古国"之誉,石拱桥是我国传统的桥梁四大基本形式之一,请同学们看看图片,说说你眼中的中国石拱桥有什么特点呢?

活动二

思考1:快速默读课文,本文可划分为几个部分?大家说说每个部分的大意是什么。

思考2:根据刚刚给课文分层次,可以看出本文的结构特点吗?独立做具体分析。小组讨论交流。

练习1:文章《中国石拱桥》抓住了石拱桥什么特征写的？完成表格3。

表3　卢沟桥与赵州桥有哪些异同点

异同点	赵州桥	卢沟桥
同		
历史悠久	1300多年	
结构坚固		极少出事
形式优美		
异		
建造奇特		
历史意义		

活动三

练习2:事物的特征往往是比较复杂的,作为说明文,要把说明对象的特征说得准确、清楚、具体,必须有相应的说明方法。采用什么说明方法,一方面要服从内容的需要,另一方面作者有选择的自由。《中国石拱桥》一文,主要运用了几种说明方法？这些说明方法的运用有什么具体作用？

【作业与检测】

1.说明语言的准确性严谨性,是说明文语言的先决条件。要准确地如实地反映所要说明的事物,就应该做到语言运用上的准确,遣词造句要实事求是,恰如其分,不模棱两可。《中国石拱桥》确实是这样,有表示估计、表示程度、表示时间等限制作用的词语(表4),根据这几种类型找出文章中相应的词语,并说说其为什么具有准确性。(检测目标1、2、3)

表4 制作"词语大发现"卡片

课文	词语	赏析(基本习得) 独立回答	学生提问 （深入理解） 小组回答	评价量表
第一段	几乎	这里表示一种约数,强调了石拱桥分布范围很广,但并不排除有的地方没有石拱桥的可能,这样写表现了说明文语言的准确性,否则就与事实不符	这个词能否去掉? 能改成"大部分"吗?	①提出的问题检测同伴对说明文语言的掌握程度。②问题体现说明文语言的准确性严谨性原则。③问题体现说明文抓住事物特征的特点。④提问中口语表达匹配说明文文体特点

2.写作提升:通过学习这节课,运用你习得的知识,试着修改补充"教室里的多媒体白板"作文。要求:合理使用多种说明方法,运用一定的说明顺序。(检测目标1、2、3)

第三课时 《苏州园林》

【课时目标】

1.通过朗读课文,进一步具体了解苏州园林的特点,体会劳动人民的勤劳和智慧和苏州园林的美,提升文化的理解和传承。

2.借助上一节课习得的知识,通过比较分析,能够比较快速地找出《苏州园林》的写作顺序与段落内部结构,理解作者的行文思路,提升思维的发展和提升。

3.通过独立思考,能够找出文章中的常见说明方法,并能进行分析说明,提升语言的建构和运用。

【评价任务】

1.完成活动一。(检测目标1)

2.完成活动二。(检测目标2)

3.完成活动三。(检测目标1、2、3)

【学习过程】

活动一

思考1:苏州大大小小园林大概有50多处,园林景致可谓美不胜收,正如文中所说,"游览者无论站在哪个点上,眼前总是一幅完美的图画"。苏州园林堪称中国古典园林、山水园林艺术中的代表和典范。那么《苏州园林》一文里,作者抓住了苏州园林什么特征呢?步骤:学生默读课文,用笔勾画出每一段的中心句,注意中心句应该是最能体现苏州园林特点的句子。

思考2:小组讨论,本文围绕《清明上河图》,介绍了哪些方面的内容?

活动二

练习2:读完课文,你有没有对这篇文章有更深的感受?希望这篇课文让你虚拟地游览了苏州园林。现在,请你给这篇课文绘制一幅感受"地图"。

活动三

先自己圈画文章中运用了说明方法的语句,然后自己思考每个句子用了哪种说明方法,具体有什么作用。

【作业与检测】

改写练习:分析比较《中国石拱桥》《苏州园林》,请你试着用简洁平实的语言改编《白杨礼赞》选段。要求:文字能够体现说明文的写作顺序、语言特点,把握说明事物要抓住特征的写法。(检测目标1、2、3)

第四课时 《梦回繁华》《蝉》

【课时目标】

1. 借助已学过的知识,通过朗读课文,能够自主梳理文章的说明顺序,阐释作者的写作思路,提升思维的发展和提升。

2. 通过独立思考,能够快速找出文章中的常见说明方法,并能进行分析说明,提升语言的建构和运用。

3. 通过探究,把握本篇课文语言既有科学性又有文学色彩的特点,增强语言的审美和创造能力。

【评价任务】

1. 完成阅读1,讨论1。(检测目标1)

2. 完成探究1。(检测目标2)

3. 完成思考1,思考2。(检测目标3)

【学习过程】

阅读1:细读《梦回繁华》和《蝉》两篇课文,找出文章的说明顺序并口头表达。

讨论1:幻灯片上是《清明上河图》的中段。如果要请你为同学们介绍一下这幅图,你打算怎样介绍?结合你对这幅图的了解和刚才同学们提供的信息,一段完整的介绍词,也可以说介绍思路。

探究1:你能够快速找出本篇文章中的说明方法吗?试着分析说明。

之前几节课,我们已经初步掌握了说明文中说明方法的运用。现在作者是怎样介绍《清明上河图》的?从说明顺序方面说明。

思考1:北宋时期,城市商业的繁荣、文化艺术的成就一度攀上世界的巅峰,然而《清明上河图》中暗藏的盛世将衰的隐忧,转眼就成了残酷的现实。那个清明盛世永远地消失了,古往今来,多少人"梦回繁华",为之叹息惆怅。请细细品读,你能体会到怎样的"梦回"之情?从哪些词句里可以感受到?

思考2:《蝉》这篇文章哪些说明方法,让你在阅读中感到特别有趣?

【作业与检测】

仿写练习(检测单元核心目标2、4)

请你仔细阅读《梦回繁华》中描写"清明上河图"段落,仿写一段"我的校园图"文字,能够让你的家人和朋友了解你所在的校园,并产生兴趣。要求:①能运用多种说明方法;②能体现出前两篇是平实性说明文,后一篇是集科学性和文学性于一身的文艺性说明文。

第五课时 整合与提升

【课时目标】

1. 在比较阅读中欣赏四篇课文,能描述这四篇文章与前一单元任意一篇散文的区别,增强语言的审美能力。

2. 通过交流,巩固所学的说明方法及说明文语言特点,提升语言的建构和运用能力。

3. 通过思考与讨论,较熟练掌握说明文写法上"说明事物要抓住特征"的核心特点,提升思维的发展。

【评价任务】

1. 完成活动1。(检测目标1)

2. 完成练习1,练习2。(检测目标2)

3. 完成练习2。(检测目标3)

【学习过程】

活动1:这几节课,同学们已经比较熟悉事物性说明文和一般散文的区别了。现在,请你把这三篇课文与前一单元任意一篇散文比较,说说文章之间的差别。任选一个角度来回答。

练习1:说明文有以下几种常见说明方法(表5),结合三篇课文,按提供的能体现说明文语言的词语类型和数量,梳理并理解,没有遗漏。

表5　说明文常见说明方法

说明方法	定义	作用
下定义	用简明扼要的话给事物一个说法,使读者对被说明对象有个明确的概念	
分类别	根据事物的形状、性质、成因、功用等属性的异同,把事物分成若干类,然后依照类别,逐一说明	全方位、多角度地说明事物或事理,使说明更有条理、更加清楚
举例子	举出有代表性的恰当的例子,能够反映一般的情况,真切地说明事物	通过具体事例,清楚、真实、有力地说明事物或事理
列数字	为便于从数量上说明有些事物的特征,往往运用一些数字来说明	
作比较	选择有内部或外部联系的事物进行比较	
打比方	运用比喻,增强被说明事物的形象性和生动性	

练习2:根据提供的句子,写出对应的说明方法和作用。

《中国石拱桥》

句子1:桥长265米,由11个半圆形的石拱组成,每个石拱长度不一,自16米到21.6米。

运用的说明方法及作用:＿＿＿＿＿＿＿＿＿＿＿＿＿＿＿＿。

句子2:＿＿＿＿＿＿＿＿＿＿＿＿＿＿＿＿＿＿＿＿＿＿＿＿。

运用的说明方法及作用:

《苏州园林》

句子1:没有修剪得像宝塔那样的松柏,没有阅兵式似的道旁树。

运用的说明方法及作用:

句子2:＿＿＿＿＿＿＿＿＿＿＿＿＿＿＿＿。

运用的说明方法及作用:＿＿＿＿＿＿＿＿＿＿＿＿＿＿＿＿＿＿＿。

《梦回繁华》

句子1:画中的"孙羊店""脚店"等,与《东京梦华录》中所记的"曹婆婆肉饼""正店七十二户……其余皆谓之脚店"等,无有不符。

运用的说明方法及作用:。

句子2:＿＿＿＿＿＿＿＿＿＿＿＿＿＿＿＿＿＿＿。

运用的说明方法及作用:＿＿＿＿＿＿＿＿＿＿＿＿＿＿＿＿＿＿。

【作业与检测——大任务】

说明:完成"大任务",具体要求见 P88 单元概述中的【大任务】。

【学后反思】

1. 相信经过学习,你在今后的生活中,会更快更准确地获取说明类文章的信息,并且会适时适地运用文字进行事物的说明。想想看,在练习2的文字里,你运用了几种说明方法?

2. 经过五节课的学习,你觉得在这个主题单元课里,你最大的收获是什么?你学到的知识是哪些?你的学习能力在哪些方面得到了训练和提升?你有哪些想对老师提的建议?

渔家傲·天接云涛连晓雾

苏 翔

【学习主题】

人教版《语文》(2017年版)八年级上册第六单元(1课时)。

【课标要求】

1. 借助注释和工具书,整体感知课文内容大意。多读熟读,积累常见文言词语和名言警句,不断提高自己的文言文阅读能力。

2. 通过诗歌的鉴赏,有自己的情感体验,初步领悟诗歌作品的内涵,从中获得对社会、人生的有益启示。

3. 品味作品中富于表现力的语言。

【学习目标】

1. 通过圈点勾画和做批注,找出表达诗人情感的关键词,体会并阐述关键词的特殊含义,提升鉴赏诗词作品能力。

2. 通过小组合作探究,使用知人论世的方法,多角度对比诗人不同时期的作品,总结并阐述诗人不同人生阶段的情感特征。

3. 通过对比拓展阅读,理解诗人复杂的悲愁情感,增强形象思维能力,提高对古典诗词审美意趣的感悟能力。

【评价任务】

1. 完成"学习任务一"。(检测目标1)

2. 完成"学习任务二"。(检测目标2)

3. 完成"学习任务三"。(检测目标2、3)

【资源与建议】

1. 小学阶段已经接触过李清照《夏日绝句》,对李清照的生平大致有一些了解,但对其生活遭遇坎坷的经历及对其创作风格产生的影响都缺少整体感知。

2.作品难度在于需要为学生创设情感理解的支架,因此搭建知人论世的桥梁;同时介入其他时期其他类型的作品,以丰富作者形象,帮助学生理解作品。

【学习过程】

学习任务一:理解关键词,体会诗人心境

请你自由朗读这首词,用圈点勾画的方法做批注,找出表达诗人内心情感的关键词,写一写关键词所表现的具体情感,完成下面表格,然后与大家分享。

关键词	诗人表达的情感

学习任务二:知人论世,组词读人

你了解李清照吗?

请你结合"材料一"(见附录),为全班同学说说你所了解的李清照和她的生平背景。

在了解了李清照的生平背景后,请你和小伙伴一起,以小组为单位,合作探究李清照的人生三个阶段的词作风格,并完成探究题1、探究题2。

探究题1:说说三首词分别处于李清照哪一个人生阶段,三首词作分别体现她什么情感,并写下来。

(1)第一阶段代表词《如梦令》

第一阶段生平背景	词作代表	体现李清照怎样的情感
	常记溪亭日暮,沉醉不知归路。兴尽晚回舟,误入藕花深处。争渡,争渡,惊起一滩鸥鹭(《如梦令·常记溪亭日暮》)	

(2) 第二阶段代表词《醉花阴》

第二阶段生平背景	词作代表	体现李清照怎样的情感
	薄雾浓云愁永昼,瑞脑消金兽。佳节又重阳,玉枕纱橱,半夜凉初透。东篱把酒黄昏后,有暗香盈袖。莫道不销魂,帘卷西风,人比黄花瘦(《醉花阴·薄雾浓云愁云昼》)	

(3) 第三阶段代表词《渔家傲》。

第三阶段生平背景	词作代表	体现李清照怎样的情感
	天接云涛连晓雾,星河欲转千帆舞。仿佛梦魂归帝所。闻天语,殷勤问我归何处。我报路长嗟日暮,学诗漫有惊人句。九万里风鹏正举。风休住,蓬舟吹取三山去(《渔家傲·天接云涛连晓雾》)	

探究题2:总结李清照人生的三个阶段后,请你用词语概括出她人生三个阶段的词作特征。

李清照的人生阶段		李清照创作词的情感特征
第一阶段	南渡前、出嫁前	
第二阶段	南渡前、新婚后	
第三阶段	南渡后、丈夫赵明诚去世后	

学习任务三：对比拓展阅读，深入理解诗人

(1)《金石录后序》中描写"南渡"之前美满生活的回忆片段，你读出了一个早期怎样的李清照？

"余性偶强记，每饭罢，坐归来堂，烹茶，指堆积书史，言某事在某书、某卷、第几页、第几行，以中否角胜负，为饮茶先后。中即举杯大笑，至茶倾覆怀中，反不得饮而起，甘心老是乡矣。故虽处忧患困穷，而志不屈。"

我读出了一个早期_____的李清照。

(2)对比《金石录后序》中"南渡"之后无限凄凉的心境，理解诗人创作《渔家傲》时内心的动荡愁绪，是动荡年代之下的悲剧。你读出了一个晚期怎样的李清照？

"昔萧绎江陵陷没，不惜国亡，而毁裂书画。杨广江都倾覆，不悲身死，而复取图书。岂人性之所著，死生不能忘之欤。或者天意以余菲薄，不足以享此尤物耶。抑亦死者有知，犹斤斤爱惜，不肯留在人间耶。何得之艰而失之易也。"

我读出了一个晚期_____的李清照。

(3)李清照人生境况的起起伏伏，在《渔家傲》中，我读出了一个_____的李清照。

【作业与检测】

1.金兵入侵中原，掳走了宋徽宗、钦宗两位皇帝，当时全城百姓数万人挽车驾曰："陛下不可出。"百姓悲泣，钦宗也悲泣。《宋史纪事本末》中记载："金人逼帝及上皇易服，李若水抱帝哭，诋金人为狗辈。金人曳若水出，击之，败面，气结仆地。"吏部侍郎李若水至死不愿顺从，不为富贵所动，最终被金人裂颈断舌而死。

爱国情感在这些志士身上一览无余，甚至不惜以身相殉。你还知道中国历史上哪些爱国诗人？他们写作了哪些爱国诗词来表达自己的爱国之情？（检测目标3）

2. 知人论世是学习古诗词需要借助的一种方法,通过了解诗人的生平背景,更好地解读诗词。拓展阅读,请你运用知人论世法,说说下列作品所寄托的作者的思想感情。(检测目标2)

曹雪芹与《红楼梦》 张岱与《西湖梦寻》 汤显祖与《牡丹亭》

【学后反思】

通过本课的学习,你在学习诗词方面收获了什么方法?还有什么困惑?

附录:材料一

《金石录后序》

[宋]李清照

右《金石录》三十卷者何?赵侯德甫所著书也。取上自三代、下迄五季,钟、鼎、甗、鬲、盘、彝、尊、敦之款识,丰碑大碣、显人晦士之事迹,凡见于金石刻者二千卷,皆是正讹谬,去取褒贬。上足以合圣人之道,下足以订史氏之失者,皆载之。可谓多矣。呜呼!自王涯、元载之祸,书画与胡椒无异;长舆、元凯之病,钱癖与传癖何殊?名虽不同,其惑一也。

余建中辛巳,始归赵氏。时先君作礼部员外郎,丞相作礼部侍郎,候年二十一,在太学作学生。赵、李族寒,素贫俭。每朔望谒告,出,质衣,取半千钱,步入相国寺,市碑文果实。归,相对展玩咀嚼,自谓葛天氏之民也。后二年,出仕宦,便有饭蔬衣练,穷遐方绝域,尽天下古文奇字之志。日就月将,渐益堆积。丞相居政府,亲旧或在馆阁,多有亡诗、逸史、鲁壁、汲冢所未见之书。遂尽力传写,浸觉有味,不能自己。后或见古今名人书画,三代奇器,亦复脱衣市易。尝记崇宁间,有人持徐熙《牡丹图》,求钱二十万。当时虽贵家子弟,求二十万钱,岂易得耶?留信宿计无所出而还之。夫妇相向惋怅者数日。

后屏居乡里十年,仰取俯拾,衣食有余。连守两郡,竭其俸入,以事铅椠。每获一书,即同共勘校,整集签题。得书、画、彝、鼎,亦摩玩舒卷,指摘疵病,夜尽一烛为率。故能纸札精致,字画完整,冠诸收书家。余性偶强记,每饭罢,坐归来堂烹茶,指堆积书史,言某事在某书某卷第几叶第几行,以中否角胜负,为饮茶先后。中,即举杯大笑,至茶倾覆怀中,反不得饮而起。甘心老是乡矣!故虽处忧患困穷,而志不屈。收书既成,归来堂起书库,大橱簿甲乙,置书册。如要讲读,即请钥上簿,关出卷帙。或少损污,必惩责揩完涂改,不复向时之坦夷也。是欲求适意,而反取憀慄。余性不耐,始谋食去重肉,衣去重采,首无明珠翡翠之饰,室无涂金刺绣之具。遇书史百家,字不刓缺,本不讹谬者,辄市之,储作副本。自来家传《周易》《左氏传》,故两家者流,文字最备。于是几案罗列,枕席枕藉,意会心谋,目往神授,乐在声色狗马之上。

至靖康丙午岁,侯守淄川,闻金寇犯京师,四顾茫然,盈箱溢箧,且恋恋,且怅怅,知其必不为己物矣。建炎丁未春三月,奔太夫人丧南来,既长物不能尽载,乃先去书之重大印本者,又去画之多幅者,又去古器之无款识者。后又去书之监本者,画之平常者,器之重大者。凡屡减去,尚载书十五车。至东海,连舻渡淮,又渡江,至建康。青州故第,尚锁书册什物,用屋十余间,期明年春再具舟载之。十二月,金人陷青州,凡所谓十余屋者,已皆为煨烬矣。

建炎戊申秋九月,侯起复知建康府,己酉春三月罢,具舟上芜湖,入姑熟,将卜居赣水上。夏五月,至池阳,被旨知湖州,过阙上殿。遂驻家池阳,独赴召。六月十三日,始负担舍舟,坐岸上,葛衣岸巾,精神如虎,目光烂烂射人,望舟中告别。余意甚恶,呼曰:"如传闻城中缓急,奈何?"戟手遥应曰:"从众。必不得已,先弃辎重,次衣被,次书册卷轴,次古器;独所谓宗器者,可自负抱,与身俱存亡,勿忘之!"遂驰马去。涂中奔驰,冒大暑,感疾。至行在,病疟。七月末,书报卧病。余惊怛,念侯性素急,奈何病疟,或热,必服寒药,疾可忧。遂解舟下,一日夜行三百里。比至,果大服柴胡、黄芩药,疟且痢,病危在膏肓。余悲泣,仓皇不忍问后事。八月十八日,遂不起,取笔作诗,绝笔而终,殊无分香卖屦之意。葬毕,余无所之。

朝廷已分遣六宫,又传江当禁渡。时犹有书二万卷,金石刻二千卷,器皿、茵褥,可待百客,他长物称是。余又大病,仅存喘息。事势日迫,念侯有妹婿,任兵部侍郎,从卫在洪州,遂遣二故吏,先部送行李往投之。冬十二月,金寇陷洪州,遂尽委弃。所谓连舻渡江之书,又散为云烟矣。独余少轻小卷轴书帖,写本李、杜、韩、柳集,《世说》《盐铁论》,汉唐石刻副本数十轴,三代鼎鼐十数事,南唐写本书数箧,偶病中把玩,搬在卧内者,岿然独存。

上江既不可往,又虏势叵测,有弟远,任勅局删定官,遂往依之。到台,台守已遁;之剡,出睦,又弃衣被走黄岩,雇舟入海,奔行朝,时驻跸章安。从御舟海道之温,又之越。庚戌十二月,放散百官,遂之衢。绍兴辛亥春三月,复赴越;壬子,又赴杭。先侯疾亟时,有张飞卿学士,携玉壶过视侯,便携去,其实珉也。不知何人传道,遂妄言有颁金之语,或传亦有密论列者。余大惶怖,不敢言,亦不敢遂已,尽将家中所有铜器等物,欲赴外庭投进。到越,已移幸四明。不敢留家中,并写本书寄剡,后官军收叛卒取去,闻尽入故李将军家。所谓岿然独存者,无虑十去五六矣。惟有书画砚墨,可五七箧,更不忍置他所,常在卧榻下,手自开阖。在会稽,卜居土民钟氏舍。忽一夕,穴壁负五箧去。余悲恸不已,重立赏收赎。后二日,邻人钟复皓出十八轴求赏,故知其盗不远矣。万计求之,其余遂不可出,今知尽为吴说运使贱价得之。所谓岿然独存者,乃十去其七八。所有一二残零,不成部帙书册三数种。平平书帖,犹复爱惜如护头目,何愚也耶!

今日忽阅此书,如见故人。因忆侯在东莱静治堂,装卷初就,芸签缥带,束十卷作一帙。每日晚吏散,辄校勘二卷,题跋一卷。此二千卷,有题跋者五百二卷耳。今手泽如新,而墓木已拱,悲夫!昔萧绎江陵陷没,不惜国亡而毁裂书画;杨广江都倾覆,不悲身死而复取图书。岂人性之所著,死生不能忘之欤?或者天意以余菲薄,不足以享此尤物耶?抑亦死者有知,犹斤斤爱惜,不肯留在人间耶?何得之艰而失之易也!

呜呼,余自少陆机作赋之二年,至过蘧瑗知非之两岁,三十四年之间,忧患得失,何其多也!然有有必有无,有聚必有散,乃理之常。人亡弓,人得之,又胡足道。所以区区记其终始者,亦欲为后世好古博雅者之戒云。绍兴二年、玄默岁壮月朔甲寅,易安室题。

一元一次不等式

魏正明

【学习主题】

浙教版《数学》(2013年版)八年级上册第三章第三节(3课时)。

【课标要求】

能根据具体问题中的数量关系,列出一元一次不等式,解决简单的问题。

【学习目标】

1. 通过实例,能根据具体问题中的数量关系列一元一次不等式,初步体会不等式模型在实际生活和生产中的广泛应用。

2. 经历从实际问题中建构一元一次不等式的过程,了解列一元一次不等式解应用题的一般步骤,初步具备用不等式模型解决简单实际问题的能力,发展数学建模和数学运算素养。

【评价任务】

1. 完成练习1。(检测目标1)

2. 完成练习2、练习3、练习4。(检测目标2)

【资源与建议】

1. 客观世界存在许许多多的不等关系,不等关系用不等式来表示,不等式是刻画现实世界的一种重要的数学模型,它在生活和生产实际中有广泛的应用。本节课学习列一元一次不等式解应用题,是用不等式模型解决生活和生产问题的重要技能。

2. 列一元一次不等式解应用题与列一元一次方程解应用题有许多类似之处,类比列一元一次方程解应用题来学习列一元一次不等式解应用题,将减少学习的困难。

【学习过程】

学习任务一：体验不等式模型在实际生活和生产中的广泛应用

活动1：一部电梯的额定限载量为1000千克。两人要用电梯把一批重物从底层搬到顶层，这两人的身体质量分别为60千克和80千克，货物每箱的质量为50千克，问他们每次最多只能搬运重物多少箱？（指向目标1）

思考1：从题干中你读到了哪些数量？分别将其列举出来。

思考2：为了确保电梯安全运行，这些数量应该构成什么样的数量关系？请分别用自然语言和符号语言（式子）来加以描述。

练习1：请同学们举一些包含不等关系的实际例子。（检测目标1）

学习任务二：探索用一元一次不等式模型解决实际问题的步骤

活动2：有一家庭工厂投资2万元购进一台机器，生产某种商品。这种商品每个的成本是3元，出售价是5元，应付的税款和其他费用是销售收入的10%。问至少需要生产这种商品，才能使所获利润（毛利润减去税款和其他费用）超过投资购买机器的费用？（指向目标2）

思考3：题干中存在怎样的不等数量关系？请列出不等式。

思考4：请根据你所列的式子求解结果。

思考5：你对所求解得到的结果有何想法？是你要的结果吗？为什么？

思考6：类比列一元一次方程解应用题，列一元一次不等式解应用题的一般步骤分几步？你能总结出一般步骤吗？需要注意些什么？

步骤	列一元一次方程解应用题	列一元一次不等式解应用题
第1步		
第2步		
第3步		
第4步		
第5步		
第6步		

小结:对于实际问题,有时计算结果要_____.

练习2:在爆破时,如果导火索燃烧的速度是0.015 m/s,人跑开的速度是3 m/s,那么要使点导火索的施工人员在点火后能够跑到100 m以外(包括100 m)的安全地区,这根导火索的长度至少应取多少米?(检测目标2)

练习3:某企业向银行贷款1000万元,一年后归还银行贷款的本利和超过1040万元。问年利率在怎样的一个范围内?(检测目标2)

练习4:A、B、C、D四座小山的山脚到学校的路程分别为9 km、11 km、13 km、15 km。学校准备组织一次八年级学生登山活动,计划在上午8时出发,以平均每小时4 km的速度前进,登山和山顶活动的时间为1小时,下山的时间为30分钟,再以平均每小时3 km的速度返回,在下午4时30分前赶回学校。你认为学校可计划登哪几座山?请说明理由。(检测目标2)

学习任务三:拓展提高,学以致用

某汽车租赁公司要购买轿车和面包车共10辆,其中至少购买轿车3辆,轿车每辆7万元,面包车每辆4万元,公司可投入的购车款不超过55万元。

(1)符合公司要求的购买方案有几种?

(2)如果每辆轿车的日租金为200元,每辆面包车的日租金为110元,假设新购买的这10辆车每日都可租出,要使这10辆车的日租金不低于1500元,那么应选择哪种购买方案?(指向目标1、2)

【作业与检测】

1.某市出租车的收费标准是:起步价8元(即行驶距离不超过3千米都需付8元车费),超过3千米以后,每增加1千米,加收1.5元(不足1千米按1千米计),某人从甲地到乙地经过的路程是 x 千米,出租车费为15.5元,那么 x 的最大值是( )。(指向目标1)

  A.11 B.8 C.7 D.5

2. 若干名同学合影留念,已知一张底片需要9元,冲印一张照片需要1.5元,每人预定一张,且每人花费不超过5元,则这张照片上至少有几名同学?(指向目标1、2)

3. 某学校需要刻录一批电脑光盘,若到电脑公司刻录,每张需8元(包括空白光盘费)。若学校自刻,除租用刻录机需要120元外,每张光盘还需成本4元(包括空白光盘费)。问:刻录这批电脑光盘,该学校如何选择才能使费用较少?(指向目标1、2)

4. 某镇组织20辆汽车装运A,B,C三种脐橙共100吨到外地销售,按计划,20辆汽车都要装运,每辆汽车只能装运同一种脐橙,且必须装满。根据下表提供的信息,解答以下问题:(指向目标1、2)

脐橙品种	A	B	C
每辆汽车运载量(吨)	6	5	4

(1) 设装运A种脐橙的车辆数为x,装运B种脐橙的车辆为y辆,试用含x的代数式表示y。

(2) 如果装运每种脐橙的车辆都不少于4辆,那么车辆的安排方案有几种?写出每种安排方案。

【学后反思】

自评:★　　★★　　★★★　　★★★★　　★★★★★

1. 小结:列一元一次不等式解应用题,应注意些什么?

2. 总结一下你本节课中检测与作业中的错误对应的步骤,并写出解决方案。如果还有没解决的困惑,也请你写出来。

有理数的乘方

杨敏丽

【学习主题】

浙教版《数学》(2013年版)七年级上册(1课时)。

【课标要求】

理解乘方的意义,掌握有理数的加、减、乘、除、乘方及简单的混合运算。

【学习目标】

1.通过探究活动,经历有理数乘方概念的发生过程,理解乘方、幂、底数、指数这些概念的意义及表示方法,感悟类比的数学思想,体会特殊到一般、具体到抽象的数学方法。

2.通过例题和练习训练,会运用有理数乘方的概念进行乘方的简单运算;通过观察和辨析归纳出幂的符号法则,促进简便运算,提高灵活应用知识的能力。

3.通过例题归纳出乘、除、乘方的混合运算的运算顺序,会进行乘方、乘、除的简单混合运算,提高解决问题的综合能力。

【评价任务】

1.独立完成思考2、练习1。(检测目标1)

2.完成练习2、思考4。(检测目标2)

3.完成练习3、练习4。(检测目标3)

【资源与建议】

1.本主题是有理数的乘方,是有理数乘法的推广和延续,也是后续学习有理数混合运算、科学计数法和开方的基础,起到承前启后的作用。学习的核心目标是理解有理数乘方的概念和意义,并能够进行有理数的乘方运算。

2.本主题的学习按以下流程进行:乘方相关概念→乘方计算→乘方、乘、除混合运算→拓展应用。

3.本主题重点是乘方概念的获得和乘方运算;难点是乘方、幂、底数、指数这些概念容易混淆,如$(-a)^n$和$-a^n$的区别。你可以通过"思考2"来突破本节课的难点。

需要准备的知识:复习有理数乘法的相关知识。

【学习过程】

学习任务一:乘方的概念及幂的相关概念

〔折纸〕请你动手折一折,将一张纸对折1次,再对折1次,……,这样一直连续对折27次后,然后估计一下折叠后的纸的厚度大约是多少呢?(指向目标1)

问题1:

(1)对折1次有层,可以记作,读作。

(2)对折2次有层,可以记作,读作。

(3)对折3次有层,可以记作,读作。

(4)对折4次有层,可以记作,读作。

(5)对折20次有层,可以记作,读作。

(6)对折27次有层,可以记作,读作。

思考1:类似地,$\underbrace{a \times a \times \cdots \times a}_{27\text{个}a}$,记为,读作。

$\underbrace{a \times a \times \cdots \times a}_{n\text{个}a}$,记为,读作。

小结:

1.总结前面的探究与思考,请你给乘方下一个定义。

这种求的运算叫作_____,乘方的结果叫作_____。

2.认识幂的每一部分

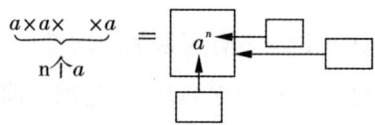

练习1:(检测目标1)

1.把下列相同因数的乘积写成幂的形式,并说出底数和指数

(1) $3\times3\times3\times3\times3\times3$ (2) $\dfrac{2}{9}\times\dfrac{2}{9}\times\dfrac{2}{9}\times\dfrac{2}{9}$ (3) $(-6)\times(-6)\times(-6)$

2. 把下列幂的形式改写成乘积的形式,并说出底数和指数

(1) $\left(\dfrac{2}{3}\right)^4$ (2) $(-7)^5$

思考2:上面的幂去掉括号可以吗?为什么?

去掉括号后它们的读法和意义还一样吗?(检测目标1)

小结:幂的底数是分数或者负数时,底数应该_____。

学习任务二:运用有理数乘方的概念及幂的符号法则进行乘方的简单运算

例1:计算(指向目标2)

(1) $(-3)^2$ (2) 1.5^3 (3) $\left(-\dfrac{4}{3}\right)^4$ (4) $(-1)^5$

练习2:计算(检测目标2)

(1) $(-5)^3$ (2) $\left(-\dfrac{1}{2}\right)^4$ (3) 1.2^4 (4) $\left(-\dfrac{2}{7}\right)^2$

口答:(指向目标2)

(1) $(-1)^3$ (2) $(-1)^4$ (2) $(-1)^5$ (4) $(-1)^6$

(5) $(-2)^3$ (6) $(-2)^4$ (7) $(-2)^5$ (8) $(-2)^6$

思考3:(1)上述幂的符号与指数有怎样的关系?

(2)如果幂的底数正数,那么这个幂有可能是负数吗?

小结:幂的符号法则:负数的偶数次幂是_____;负数的奇数次幂是_____;正数的任何次幂都是_____.

特别地,1 的任何次幂为_____;-1 的偶数次幂为_____,-1 的奇数次幂为_____.

思考 4:你能用上面幂的符号法则使得练习 2 的计算变得更简单吗?试一试。(检测目标 2)

学习任务三:有理数乘方、乘、除的简单混合运算

例 2:计算(指向目标 3)

(1) -3^2 (2) 3×2^3 (2) $(3 \times 2)^3$ (4) $8 \div (-2)^3$

思考 5: 3×2^3 与 $(3 \times 2)^3$ 一样吗?有什么不同?

小结:有理数乘、除、乘方混合运算的顺序:对于乘除和乘方的混合运算,应先算_____,再算_____;如果遇到括号,就_____.

练习 3:计算(检测目标 3)

(1) $-5^2 \times 3$ (2) $(5 \times 2)^2$ (3) $(-2)^3 \times (-2.5)^3$

(4) $(-9)^2 \div 3^3$ (5) $(-4)^2 \times 3 + 4 \times (-3)^2$

学习任务四:拓展提高,学以致用

练习4:(检测目标3)

1.假设一张纸的厚度为 0.066 mm,将这张纸对折 1 次,再对折 1 次……,这样一直连续对折 27 次后,请你根据今天所学求出折叠后的纸的厚度。

2.计算

(1) $2^{100} - 2^{101}$

(2) $\left(\dfrac{4}{5}\right)^{2008} \times \left(-\dfrac{5}{4}\right)^{2007}$

【作业与检测】

A 组习题(巩固学习)

1. -11^8 表示( )(检测目标1)

　　A.11 个 8 相乘　　　　　　B.8 个 -11 相乘

　　C.8 个 11 相乘的积的相反数　　D.11 个 -8 相乘

2.下列各组数中,运算结果相等的是( )(检测目标2)

　　A. 3^4 和 4^3　　　　　　B. -2^3 和 $(-2)^3$

　　C. -3^2 和 $(-3)^2$　　　　D. $-|-3|$ 和 -3

3. $(-2)^6$ 中指数为____,底数为____; $\left(-\dfrac{3}{2}\right)^4$ 的底数是____,指数是____,结果为_____.(检测目标1)

4.如果一个数的平方是它本身,则这个数是____;如果一个数的平方是它的倒数,则这个数是_____.(检测目标2)

5. 若 $-a^2b^3>0$,则 b____0.(检测目标3)

B组习题(提高学习)

6. 计算(检测目标3)

(1) $-3^2\div(-3)^2$　　(2) $-2^3+(-3)^2$　　(3) $(-81)\div\dfrac{9}{5}\times\left(-\dfrac{2}{3}\right)^2$

(4) $-1^4-\dfrac{1}{7}\times(2^2-3^2)$　　　(5) $(-1)^{100}\times 5+(-4)^3\div 4$

7. 若 $(a+1)^2+|b-2|=0$,求 $a^{2000}b^3$ 的值。(检测目标2、3)

8. 你吃过"手拉面"吗？如果把一个面团拉开,然后对折,在拉开,再对折,……,这样一直下去,对折10次,会拉出多少根面条来？(检测目标3)

9. 若 a 是最大的负整数,求 $a^{2000}+a^{2001}+a^{2002}+a^{2003}$ 的值。(检测目标2、3)

C组习题(拓展提升)

10. 你能求出 $0.125^{101}\times 8^{102}$ 的结果吗？试一试.(检测目标3)

【学后反思】

自评:请根据本节课的学习情况,对自己进行评价,在"□"处打"√"。

★ □　　★★ □　　★★★ □　　★★★★ □　　★★★★★ □

小结:请尝试画出本主题知识学习的框架图,标注主要的数学思想和方法以及它们在解题时的作用,或写下自己需要求助的困惑,或分享何以学会的策略等。

利用轴对称求最短路线

沈 程

【学习主题】

浙教版《数学》(2013年版)八年级上册第二章第一节(1课时)。

【课标要求】

1. 通过具体实例了解轴对称的概念,探索它的性质:成轴对称的两个图形中,对应点的连线被对称轴垂直平分。

2. 了解轴对称图形的概念;探索等腰三角形、矩形、菱形、正多边形、圆的轴对称性质。

【学习目标】

1. 通过阅读材料,利用轴对称的性质分析"两点之间的最短距离问题",由特殊到一般,解决"两定一动类型"的问题,发展数学抽象思维。

2. 利用轴对称的性质和直角三角形的性质求线段最短问题,解决含有特殊角的"一定两动类型",加强数学逻辑推理能力。

3. 利用轴对称和图形的轴对称的相关性质,通过作图解决"两定两动类型",提升直观想象能力。

4. 通过分析生活应用情境,建构"最短距离模型"解决问题,提高数学建模的能力。

【评价任务】

1. 完成例1和跟踪练习1。(检测目标1)

2. 完成跟踪练习2、3。(检测目标2)

3. 完成跟踪练习4。(检测目标3)

4. 完成跟踪练习5。(检测目标4)

【资源与建议】

本章的主要内容是等腰三角形、直角三角形这些特殊三角形、轴对称图形和图形的轴对称,以及逆命题和逆定理,是第1章"三角形的初步知识"的延续和深化。这两类特殊三角形的性质和判定是学习后续几何知识的主要基础,并在生产和生活中有着广泛的应用。梳理本章中和等腰三角形、直角三角形联系比较紧密的轴对称图形和图形的轴对称的内容,逐步实现《课标》(2011年版)在图形变化方面的教学目标。

【学习过程】

学习任务一:两定一动问题

阅读材料:观察发现如图①:若点 A,B 在直线 m 同侧,在直线 m 上找一点 P,使 AP+BP 的值最小,做法如下:做点 B 关于直线 m 的对称点 B′,连接 AB′,与直线 m 的交点就是所求的点 P,线段 AB′ 的长度即为 AP+BP 的最小值。(指向目标1)

图①

例1:如图②,等边△ABC 的边长为4,AD 是 BC 边上的中线,M 是 AD 上的动点,E 是 AC 边上一点,若 AE=2,EM+CM 的最小值?(检测目标1)

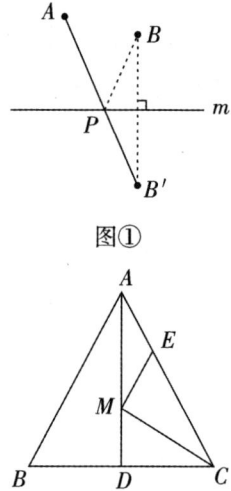

思考:

(1)点 C 关于 AD 的对称点是?

(2)连接 BE,求 BE 与 AC 的位置关系。

(3)求 BE 的值。

图②

(4)求 EM+CM 的最小值。

跟踪练习1:

如图,AC、BD 为正方形 ABCD 对角线,相交于点 O,点 E 为 BC 边的中点,边长为 2cm,在 BD 上找点 P,使 EP+CP 之和最小,并求最小值。(检测学习目标1)

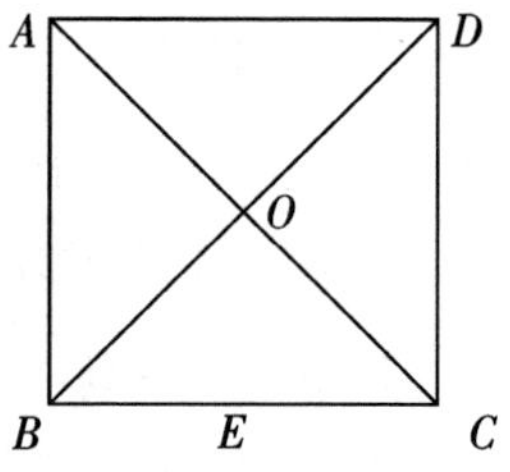

学习任务二:一定两动问题

例2:在锐角△ABC 中,BC=4,∠ABC=30°,BD 平分∠ABC,点 M、N 分别是 BD、BC 上的动点,连接 MN、CM,则 CM+MN 的最小值是多少?(指向目

标2)

思考：

(1)做出点 C 关于 BD 的对称点 C_1。

(2)点 C_1 到 BC 的最短距离怎么画？

(3)求 BC_1 的值。

(4)CM+MN 的最小值是多少？

跟踪练习 2：

若∠ABC=45°则 CM+MN 的最小值是多少？（检测目标2）

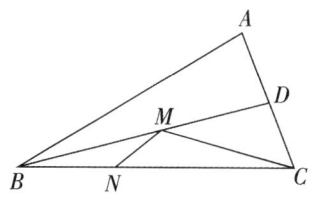

跟踪练习 3： 如图，点 P 是∠AOB 内任意一点，∠AOB=30°，OP=8cm，点 M 和点 N 分别是射线 OA 和射线 OB 上的动点，则△PMN 周长的最小值是？（检测目标2）

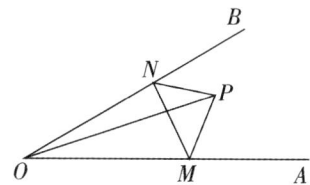

学习任务三：两动两定问题

例3 如图，直线 l_1 与直线 l_2 互相垂直，A(-2,1)，B(-1,2)是两个定点．C,D 分别是直线 l_1，l_2 上的动点。求四边形 ABCD 的周长最小值。（指向目标3）

(1)请你按下列要求画图：

①画点 A 关于直线 l_2 的对称点 A′，点 B 关于直线 l_1 的对称点 B′。

②连接 A′B′，A′B′分别交直线 l_1，l_2 于 C′D′两点。

③连接 AD′，BC′。

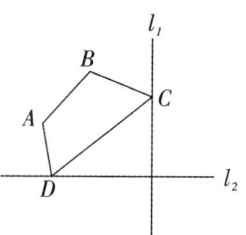

(2)请结合图形回答问题：比较四边形 ABC′D′的周长与 A′B′+AB 的长的大小关系。

(3)四边形 ACDB 的周长最小值是多少？

跟踪练习4：

如图，A、B 分别是 ∠MON 的边 OM、ON 上的定点，∠MON = 30°，OB = 4，OA = 3，在 ON、OM 上分别求作点 C，D，使得 AC+CD+DB 最小，并求出最小值。（检测目标3）

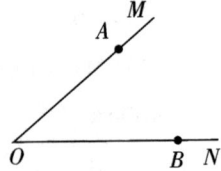

学习任务四：利用轴对称求线段最短问题的实际应用

例4：如图，A、B 两点分别表示两幢大楼所在的位置，直线 a 表示输水总管道，直线 b 表示输煤气总管道。现要在这两根总管道上分别设一个连接点，安装分管道将水和煤气输送到 A.B 两幢大楼，要求使铺设至两幢大楼的输水分管道和输煤气分管道的用料最短。图中，点 A′ 是点 A 关于直线 b 的对称点，A′B 分别交 b、a 于点 C.D；点 B′ 是点 B 关于直线 a 的对称点，B′A 分别交 b、a 于点 E.F。则符合要求的输水和输煤气分管道的连接点依次是？（指向目标4）

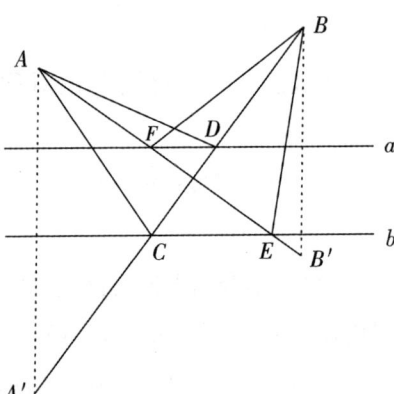

跟踪练习5：

如图，A、B 是小河 a 同侧的两个村庄，一段水管 PQ 与小河 a 重合，问 PQ 如何放置，AP+PQ+QB 的长最短？在图上画出示意图。（检测目标4）

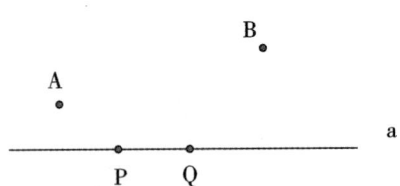

小结:

解决利用轴对称求解最短路线问题一般步骤:

(1)找其中一点的对称点。

(2)连接此对称点与另外一点,则所连结而得的线段长即为最短路线。

【作业与检测】

1.已知:如图,点 P 在∠AOB 内,点 M、N 分别是点 P 关于 OA、OB 的对称点,连接 M、N 分别交 OA、OB 于 E、F,若△PEF 的周长为 15,求 MN 的长.(检测目标1)

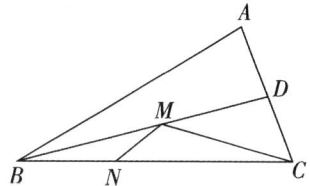

2.如图,点 P 是∠AOB 内任意一点,∠AOB=30°,OP=6cm,点 M 和点 N 分别是射线 OA 和射线 OB 上的动点,则△PMN 周长的最小值是?(检测目标2)

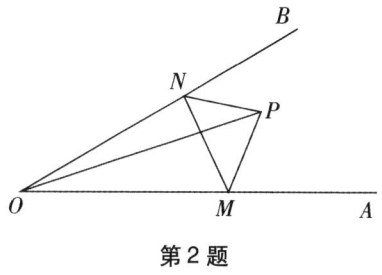

第2题

3.如图,四边形 ABCD 中,∠BAD=120°,∠B=∠D=90°,在 BC、CD 上分别找一点 M、N,使△AMN 周长最小时,则∠AMN+∠ANM 的度数为?(检测目标3)

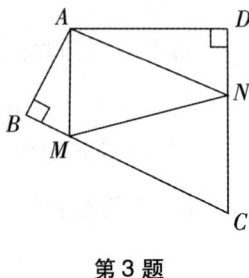

第 3 题

4. 如图,∠AOB=30°,点 M、N 分别在边 OA、OB 上,且 OM=2,ON=6,点 P、Q 分别在边 OB、OA 上,则 MP+PQ+QN 的最小值是多少?(检测目标 4)

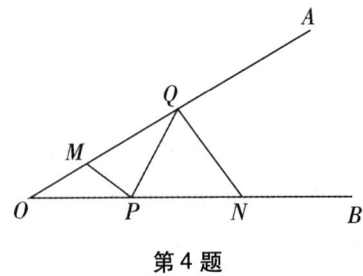

第 4 题

【学后反思】

1. 根据本节课的内容,请画出本节课的知识框架图。

2. 你能用自己的语言描述你掌握了什么方法?请写写你的想法。

Will people have robots?

许佳男

【学习主题】

人教版《英语》(2013年版)八年级上册(4课时)。

【课标要求】

1. 在学习中善于利用图画等非语言信息理解主题。

2. 能根据不同的阅读目的运用简单的阅读策略获取信息,理解文章大意。

3. 能在小组活动中积极与他人合作,相互帮助;能用简单的语言表达个人观点。

【学习目标】

1. 通过对标题和教材图片的解读,能预测文章大意,培养读前预测能力。

2. 通过略读和精读,了解文章的整体框架和细节内容,养成先整体后细节的阅读技巧与习惯。

3. 通过小组讨论,与同伴交流将来的机器人是否能够像人类一样思考这一话题,能清晰阐明自己的观点和理由,增强语用能力。

【评价任务】

1. 完成读题预测(检测目标1)。

2. 完成略读攻略,精读攻略和策略应用(检测目标2)。

3. 完成思维碰撞(检测目标3)。

【资源与建议】

1. 本主题从机器人入手,探讨了现有的机器人和未来机器人的发展,以此积累相关词汇和知识,发挥创造力。本文属于典型的议论文体裁,为后续同类文章的学习积累方法和经验。

2. 本主题学习大致按照以下流程开展:预测课文内容→略读概括文本大意→细读了解文本细节→深读讨论将来的机器人。

3. 本主题重点是训练基本阅读技能:预测、略读、细读、深读等。难点是交流机器人是否能够像人类一样思考这一话题,你可以通过文本学习相关词块,借助个人的想象和小组讨论来突破难点。

【学习过程】

学习任务一:预测课文大意

〔预测主题〕观察课文插图预测课文主题。(指向目标1)

What's the passage is about?_____.

〔读题预测〕阅读课文标题"Do You Think You Will Have Your Own Robot?"预测课文将会谈论关于机器人的哪些方面。(检测目标1)

Maybe it talks about the_____

_____ of robots.

学习任务二:略读课文,了解文章整体框架

〔连一连〕略读全文然后把每段和谈论的主要问题配对,并说明配对理由:从文中画出对应的关键词或关键句。(指向目标2)

Para. 1　Will robots think like humans in the future?

Para. 2　What will robots be like in the future?

Para. 3　What can robots do today?

Para. 4　What are robots like in movies?

〔略读攻略〕阅读策略思考:What is skimming? How to skim?(检测目标2)

_____.

学习任务三:精读课文,了解文章细节内容

〔思维导图〕精读第一段,了解机器人过去在电影中的情况,并填写完成对应阶段的思维导图。(指向目标2)

Try to find out the specific information about robots in movies. (You can find it in Para._____)

〔精读攻略〕阅读策略思考:How to find the detail information? (检测目标2)

_____.

〔策略应用〕精读其余各段,了解有关如今的机器人和未来的机器人的具体信息。(检测目标2)

1) How about today's robots? (You can find it in Para. _____)

2) How about the robots in the future? (You can find it in Para. _____)

Read carefully and choose T or F. (If it is false, try to correct it.)

1. It may take scientists hundreds of years to make more robots in the future.

2. All the new robots will look the same in the future.

3. The snake robots in India can talk with people under the buildings.

4. All the scientists agree that robots will think like humans in the future.

学习任务四:深读讨论将来的机器人

小组讨论未来的机器人能够像人类一样交流思考并阐述自己的观点和理由

〔小组讨论〕Will robots be able to think and talk like humans? 你认为用到了哪些有用的短语和句型结构?请写下来。(指向目标3)

_____.

〔思维碰撞〕写出你自己的观点。(检测目标3)

I think it's possible/impossible for robots to think like humans because _____

_____.

【作业与检测】

1.用课文中的单词填空,完成课文小结。(检测目标2)

Some robots are very human-like. They can walk and _____ like people. Some scientists think that in the future they will _____ robots more like humans. This may not _____ in the near future, but at some point, robots will even be able to _____ like people. However, some scientists _____ James White believes that robots won't be able to do the _____ things as we can. For example, he thinks that robots will _____ be able to wake up and know where they are. Which side do you _____ with?

2. 请发挥你的创造力,帮助学校食堂设计一款机器人并与同伴讨论:有哪些关于这个机器人的关键词?(检测目标3)

Our school is going to have a robot in the dining hall. Can you help to design (设计) it? You can discuss with you partners and write down some key words about your robot.

_____
_____
_____
_____
_____

3. 请为你的机器人写一份简短说明。(检测目标3)

This is my robot for the school dining hall.

My robot will _____
_____

I believe nothing is impossible.

【学后反思】

通过这节阅读课,你了解到了哪两种阅读策略?如何正确运用这两种阅读策略?你认为在阅读文章时两种阅读策略分别适合用来获取何种信息?

电荷与电流

叶思宇

【学习主题】

浙教版《科学》(2013年版)八年级上册第四章第一节(1课时)。

【课标要求】

了解生产与生活中的摩擦起电的现象。知道电荷间的排斥与吸引作用。

【学习目标】

1. 经历生活中摩擦起电的事例,感受生产和生活中的摩擦起电现象,知道摩擦起电的特点,提升观察事物能力。

2. 阅读原子模型信息,知道电荷种类,理解摩擦起电的原因,并能用电子得失观点解释相关现象,增强解决问题的能力。

3. 通过演示实验,得到电荷之间的相互作用规律;通过小组合作探究,突破"两物体吸引,一定为相异电荷"的误概念,经历由易到难的两次实验探究活动,提高科学探究能力。

【评价任务】

1. 完成讨论1。(检测目标1)

2. 完成画图和讨论2。(检测目标2)

3. 完成探究活动。(检测目标3)

【资源建议】

1. 电学是自然学科的重要组成部分,本课时是学习电学的基础知识,电荷是重要的基本概念。为后继电学知识的学习奠定基础。

2. 本课时学习内容,按以下顺序进行学习:摩擦起电现象→摩擦起电原因→电荷间相互作用。

3. 本主题的重点是两种电荷及其相互作用规律,难点摩擦起电的起因和电荷间的相互作用规律。你可以通过完成学习任务(二)和(三)突破重难点;通过评价任务,检测与作业的完成情况来判断自己对学习目标的掌握程度。

【学习过程】

实验引入

思考:有什么办法用气球带动易拉罐运动起来吗?

课中学习

学习任务一:摩擦起电现象

〔活动一〕用干净的丝绸与玻璃棒单向摩擦后,让玻璃棒靠近小纸屑,观察现象并记录。

现象:_____

小结:摩擦起电现象:_____

〔讨论1〕(检测目标1)

(1)为什么电视机的荧光屏上经常有许多灰尘?

(2)为什么加油站规定"严禁用塑料桶装汽油"?

学习任务二:摩擦起电原因

思考:为什么两个不带电的物体摩擦后会带电呢?

〔知识链接〕原子的结构

原子是由原子核和一定数目的电子构成。原子核内质子带正电,电子带负电。通常情况下带正电的质子的数量与带负电的电子的数量相等,整个物体没有呈现带电性。

电子绕着原子核高速运动。不同物质的原子核束缚电子的本领不同,若束缚能力弱,容易失去电子。

根据以上信息回答下列问题:

①原子核和电子分别带何种电荷?_____

②在通常情况下,为什么物体对外不显带电的性质?_____

③物体摩擦后为什么会带电？_____

小结：摩擦起电的实质：_____

〔研究发现〕橡胶棒与毛皮摩擦，毛皮会带正电，橡胶棒则带等量的负电。

〔画图〕请你画出橡胶棒和毛皮，摩擦前后的电荷变化。（检测目标2）

橡胶棒从毛皮处得到_____，橡胶棒带_____电；毛皮_____电子，毛皮带_____电。

〔讨论2〕研究发现玻璃棒与丝绸摩擦，玻璃棒会带正电，丝绸带等量的负电，请你用电子得失的观点解释该现象。（检测目标2）

学习任务三：电荷间的相互作用

〔演示实验〕将丝绸摩擦的玻璃棒放在支架上，进行如下操作：

(1)用丝绸摩擦过的玻璃棒靠近，现象：_____；

(2)用毛皮摩擦过的橡胶棒靠近，现象：_____。

电荷间的相互作用力：_____

〔活动二〕请利用提供的实验器材，判断纸巾摩擦过的吸管和用塑料袋摩擦过的吸管所带电是同一种电荷吗？

[实验现象]_____。

[实验结论]摩擦后的两根吸管所带电_____(是/不是)同一种电荷。

〔探究活动〕小组设计实验判断纸巾摩擦过的吸管和用塑料袋摩擦过的吸管分别带何种电荷？（检测目标3）

[实验材料]两根吸管、铁架台、玻璃棒、橡胶棒、塑料袋、纸巾

[实验步骤]

[实验现象]

[实验结论]

【作业与检测】

A组

1.在空气干燥的冬天,化纤衣服表面很容易吸附灰尘,主要原因是（　　）。（检测目标1）

  A.冬天气温低　　　　　　B.冬天灰尘多

  C.化纤衣服创造了电荷　　D.化纤衣服摩擦带了电

2.下列事例中,不可以用静电知识解释的是（　　）。（检测目标1）

  A.电工用的钢丝钳柄上套有橡胶套

  B.干燥的季节,夜晚脱毛衣时会冒"火花"

  C.电视机屏幕上经常吸附许多灰尘

  D.油罐车尾部有一条拖到地面的铁链

3.用丝绸摩擦过的玻璃棒能吸引纸屑,是因为（　　）。（检测目标2）

  A.摩擦起电创造了新电荷使玻璃棒带电

  B.丝绸上的正电荷转移到玻璃棒上,使玻璃棒带正电荷

  C.玻璃棒失去了电子转移到丝绸上,使玻璃棒带正电荷

  D.用丝绸摩擦过的玻璃棒呈电中性

4.甲和乙两个泡沫塑料小球用绝缘细线悬挂,甲带正电,乙不带电,会出现的情形是下图中的（　　）。（检测目标3）

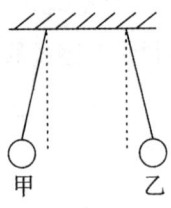 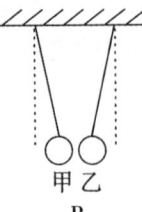 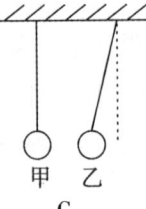 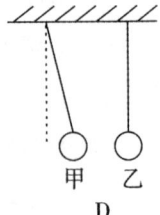

A.   B.   C.   D.

B 组

5. 关于摩擦起电,下列说法正确的是(　　)(检测目标 1)

    A. 只要物体间摩擦,就一定会发生电子的转移,并使物体带上静电

    B. 摩擦起电时,获得质子的物体带正电,失去质子的物体带负电

    C. 冬天脱毛衣时,有时会听到"噼、啪"的响声,这是由静电引起的

    D. 橡胶棒与毛皮摩擦时,橡胶棒会带正电,毛皮会带上等量的负电

6. 甲、乙、丙三个轻质小球用绝缘细绳悬挂,相互作用情况如图所示,如果丙带正电荷,则甲(　　)(检测目标 3)

    A. 一定带正电荷   B. 一定带负电荷

    C. 可能带负电荷   D. 可能带正电荷

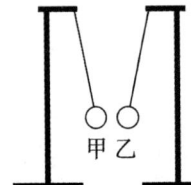 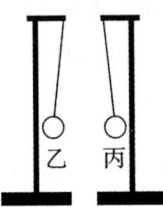

【学后反思】

1. 根据所学内容,完成下列表格,分析两球的带电情况。

电荷间相互作用力规律		
现象	甲　　乙 A.	甲乙 B.
可能情况		

2. 本节课你最大的收获是什么？你觉得哪个环节完成得最好？
3. 课堂中哪些环节你遇到了困难？你是如何解决的？

【课后任务】

根据"摩擦起电"的原理，设计一个家庭实验，并完成一份微实验报告。

微实验报告要素：实验名称，实验材料，实验过程，实验结果和实验现象分析等。

表1　"摩擦起电"微实验报告的评价量表

评价项目	评价要点	表现水平		
		A	B	C
实验名称	名称具体、清晰			
实验材料	实验材料在生活中容易获取			
实验过程	1. 实验步骤清晰、完整			
	2. 实验具有可操作性			
	3. 实验可重复性			
实验结果	1. 描述真实			
	2. 描述清晰			
现象分析	1. 能科学准确应用物理概念和规律			
	2. 原理分析过程完整，思路清晰，逻辑严谨			
	3. 通过图片，表格等辅助说明			

熔化与凝固

杜 鹃

【学习主题】

浙教版《科学》(2013年版)七年级上册第四章第五节(1课时)。

【课标要求】

1. 了解物质的三态及其变化的特点,如水的沸腾、晶体的熔化和凝固。

2. 能用图像描述物态变化的特点,知道物态变化伴随吸热和放热。

【学习目标】

1. 通过对生活经验的观察和分析,认识熔化和凝固现象,自主建构相关的科学概念,提高科学观察的能力。

2. 通过观察和记录实验现象,能对比、总结出晶体与非晶体,在熔化和凝固过程中的温度变化和状态变化的差异,掌握晶体、非晶体熔化和凝固的规律(状态、温度、热量变化等),加强解释分析的能力。

3. 通过绘制和分析晶体、非晶体的熔化与凝固图像,以及阅读《几种晶体的熔点》,初步掌握作图、识图的基本方法,理解晶体的熔点和凝固点的意义,逐步形成解决问题的能力。

【评价任务】

1. 思考判断。(检测目标1)

2. 实例分析。(检测目标2)

3. 图像分析。(检测目标2、3)

【资源与建议】

1. 熔化和凝固现象在生产生活中普遍存在,通过分析变化过程前后物质的状态,从而判断属于何种现象。可通过仔细观察实验现象,结合生活实际,自主发现熔化和凝固的规律和特点。

2. 本课时按以下学习任务进行学习:熔化与凝固现象→海波、松香熔化和凝固规律→晶体和非晶体熔化与凝固特点。

3.本节课的重点是观察、归纳晶体和非晶体在熔化和凝固过程中的温度变化、状态等特点,认识到熔点是晶体的特性,并能用图像法表示晶体和非晶体在熔化和凝固时的温度变化。你可以通过评价任务,检测与作业的完成情况来判断自己对学习目标的掌握程度。

【学习过程】

学习任务一:熔化与凝固现象

〔小组合作〕举例生活中物质熔化和凝固的现象,这两个过程伴随着哪些特点?

熔化现象:_____;特点:_____。

凝固现象:_____;特点:_____。

归纳:熔化和凝固过程的特征。

〔思考判断〕(检测目标1)

下列生活中常见的现象,属于熔化的是_____;属于凝固的是_____。

①东北的冬天,屋檐下挂着一根根晶莹的"冰凌"。

②清晨,草叶上一颗颗亮晶晶的"露珠"。

③山间的雾气在太阳出来后逐渐散去。

④夏天,冰淇淋很快就变软了。

⑤衣柜中的樟脑丸越来越小。

⑥火山喷发出的岩浆逐渐变硬。

学习任务二:海波、松香的熔化与凝固规律

小组合作完成以下两个实验。实验前先阅读实验要求、明确实验记录内容,组内明确分工。实验过程中每位同学都要仔细观察不同时刻,试管中物体的现象,并填写表格。

实验(一):海波和松香的熔化实验

记录:每0.5分钟的温度和试管中海波的状态("固态""液态"或"固液共存")。

时间/分	0	0.5	1	1.5	2	2.5	3	3.5	4	4.5	5	5.5	6
海波的温度/℃													
海波的状态													
松香的温度/℃													
松香状态变化													

实验(二):海波和松香的凝固实验

记录要求:每0.5分钟的温度和试管中海波的状态("固态"、"液态"、"固液共存")。

时间/分	0	0.5	1	1.5	2	2.5	3	3.5	4	4.5	5	5.5	6
海波的温度/℃													
海波的状态													
松香的温度/℃													
松香状态变化													

根据实验现象,思考以下问题:

(1)海波和松香在熔化过程中,存在哪些异同?

(2)在凝固的过程中,存在哪些异同?

小结:在对其他许多种固体熔化过程进行深入研究后,人们发现有两类固体:一类像海波那样,在熔化时,这类固体叫作晶体;晶体熔化时的温度叫作_____,凝固时的温度叫作_____。

另一类像松香那样,在熔化时,这类固体叫作非晶体,非晶体没有熔点。

无论是晶体还是非晶体,熔化时都要从外界,凝固时向外界。

〔实例分析〕(检测目标2)

我国研制的一种聚乙烯材料,超过40℃时完全熔化,低于15℃时完全凝固。有人设计,把这种材料制成小颗粒,掺在水泥中制成地板或墙板,在昼夜温度变化大的地区用这种地板和墙板修筑房屋,便可以起到调节室温的作用。请你解释,这种设计的原理是什么?

学习任务三:晶体、非晶体熔化与凝固的特点

〔活动一〕绘制熔化和凝固的图像

将学习任务(二)中两个表格里的数据先用点分分别标在两个坐标图上,再用平滑的曲线将各个点连接起来。

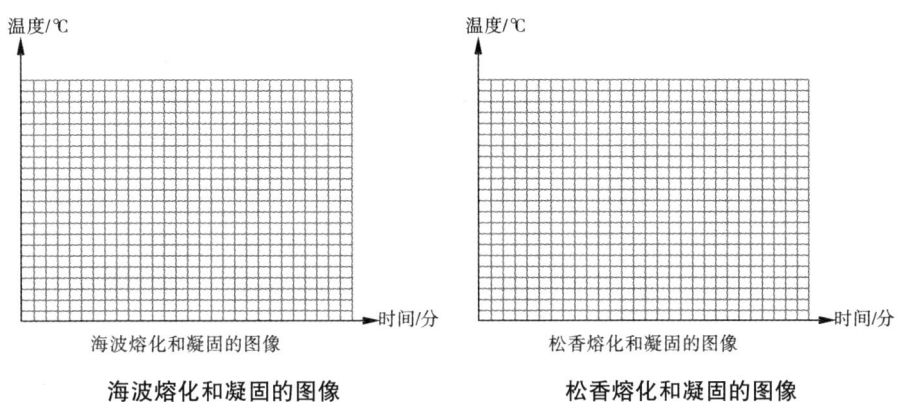

海波熔化和凝固的图像　　　　松香熔化和凝固的图像

分析图像,晶体熔化和非晶体熔化过程中,温度变化方面有哪些异同?

〔活动二〕认识熔点是物质的特性

阅读书本 P145 表格"一些晶体的熔点",自主归纳常见晶体的熔点存在哪些规律?并组内讨论。

小结:晶体的温度,叫作熔点。不同晶体的熔点,熔点是物质的一种特性。

〔图像分析〕(检测目标2.3)

小明用下图的实验装置探究某种物质在熔化前后其温度随加热时间变化的规律,得到下表的实验记录.请根据表格中实验数据在坐标中绘出温度随时间变化的图像。

时间	1	2	3	4	5	6	7	8	9	10	11
温度	60	67	73	79	80	80	80	80	80	84	88

分析数据和图像,你可以请判断该物质属于（选填"晶体""非晶体"）并归纳该物质在熔化过程中还有哪些特点？

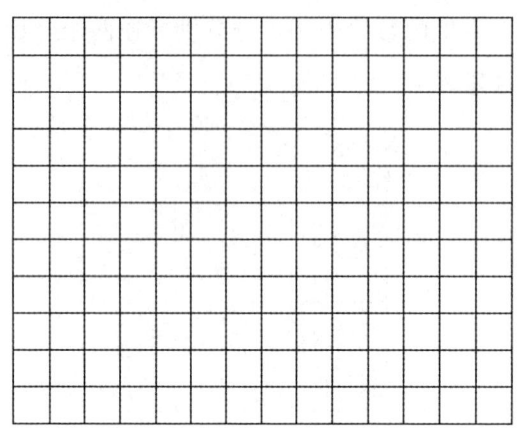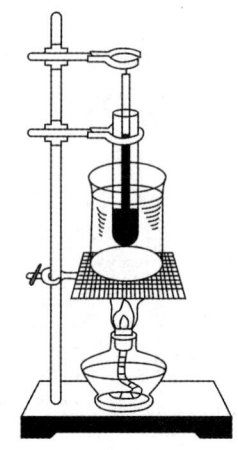

【作业与检测】

A 组（小试牛刀）

1. 用铜块浇铸铜像的过程，发生的物态变化是（　　）。（检测目标1）

　　A. 凝固过程　　　　　　B. 熔化过程

　　C. 先熔化后凝固　　　　D. 先凝固后熔化

2. 当晶体的温度正好是熔点或凝固点时，它的状态为（　　）。（检测目标2）

　　A. 固体　　B. 液体　　C. 固液共存　　D. 以上三种情况都有可能

3. 在玻璃、石英、沥青、铁、萘等物质中，有属于晶体的是_____；属于非晶体的是_____。（检测目标3）

4. 物质从固态变到液态的现象叫作熔化，非晶体物质在熔化过程中温度是_____（选填"变化"、"不变"）的。（检测目标2）

5. 已知固态酒精、煤油和水银的熔点分别是-117℃，-31℃，-39℃，南极的最低气温可达-89℃，要测量南极的气温应该选用（　　）。（检测目标3）

　　A. 酒精温度计　　　　　B. 煤油温度计

C. 水银温度计　　　　　D. 以上三种温度以计均可

6. 若将铁和玻璃分别加热熔化,则(　　)。(检测目标2、3)

　A. 玻璃没有熔点,所以不会熔化

　B. 铁和玻璃在熔化过程中温度都在不断升高

　C. 铁和玻璃都会熔化,但铁有熔点,而玻璃没有熔点

　D. 上述说法都不正确

7. 坩埚是冶炼金属用的一种陶瓷锅,能够耐高温。坩埚内盛有锡块,坩埚放在电炉上加热,锡在逐渐熔化的过程中(　　)。(检测目标2)

　A. 要不断吸热,温度不断上升　　B. 要不断放热,温度不断上升

　C. 要不断吸热,温度保持不变　　D. 要不断放热,温度保持不变

B 组(渐入佳境)

8. 把盛有碎冰块的大试管插入烧杯里的碎冰块中,用酒精灯对烧杯底部慢慢加热,当烧杯中的冰块有大半熔化时,试管中的冰(　　)。(检测目标2、3)

　A. 熔化一部分　　B. 全部熔化

　C. 一点也不熔化　　D. 无法判断

9. 某物体从200℃开始熔化,直到250℃还未熔化完,则这种物质一定是(　　)。(检测目标3)

　A. 晶体　　　　　　　　　　B. 非晶体

　C. 既不是晶体也不是非晶体　　D. 不能确定

10. 俗话说"下雪不冷,化雪冷"。这是因为(　　)。(检测目标2)

　A. 下雪时雪的温度比较高　　B. 化雪时要吸收热量

　C. 化雪时要放出热量　　　　D. 雪容易传热

11. 下列情形中,冰的质量一定能增加的是(　　)。(检测目标2、3)

　A. -10 ℃的冰投入1 ℃的水中

　B. -10 ℃的冰放入1 ℃的空气中

　C. -2 ℃的冰放进0 ℃的水中

　D. 0 ℃的冰放进0 ℃的空气中

C 组(大展身手)

把正在熔化的冰放置在温度为 0 ℃ 的房间里,冰能不能继续融化?为什么?(检测目标 2)

【学后反思】

1. 本节课你学习了有关熔化和凝固的知识,请自主归纳、整理这些知识间的关联,并回顾你所使用的科学方法。

2. 想一想:自然界中或生产生活中,还有哪些现象或应用与物质的熔化与凝固有关,请详细解释这些现象发生的原因,或阐述这些应用的原理。

【课后任务】

纯水的凝固点是 0 ℃,海水的凝固点是 -2.5 ℃,这说明水中如果掺有食盐,其凝固点会降低。小华把 0 ℃ 的碎冰块放在保温杯中,在冰中撒一些食盐,搅拌后用温度计插在碎冰块内测量其温度,发现所测得的温度降到 0 ℃ 以下。小华觉得很奇怪,他认为物体只有放热后温度才会降低,周围环境的温度都比 0 ℃ 高,冰块怎么会向周围放热呢?请你帮助小华想一想,这个现象有几种可能的解释。你能设计实验来验证或否定你的解释吗?

力的存在

杜 鹃

【学习主题】

浙教版《科学》(2013年版)七年级下册第三章第二节(2课时)。

【课标要求】

1. 列举生活中常见的力,并能说明其意义。
2. 会用弹簧测力计测量力的大小。

【学习目标】

1. 阅读相关材料、分析情境,了解力的单位和常见力的大小,知道力的大小是可以测量的,逐步形成用科学的方法,观察事物的能力。

2. 看图认识弹簧测力计的构造,通过动手实验,体会弹力的作用效果,理解弹簧测力计的工作原理,提高科学分析的能力,加强对科学本质的认知。

3. 观看视频学习弹簧测力计的操作方法,并能按照正确的方法,使用弹簧测力计测量物体对它的拉力,在实践中提高实验操作的能力。

【评价任务】

1. 小试牛刀。(检测目标1)
2. 大展身手。(检测目标2)
3. 探究实验。(检测目标3)

【课前准备】

弹簧测力计(量程5牛)一个、弹簧1个铁架台一个、钩码一盒、细线2条,共10组。

【资源与建议】

1. 在初中阶段,弹簧测力计是测量力的大小的重要工具,需掌握它的正确使用方法,同时理解弹簧测力计的基本原理。本课时设计了适量的活动和实验,要注意观察和分析,带着思考观察现象。

2.本课时的学习按照以下过程进行:认识力的单位→弹簧测力计的测量原理→弹簧测力计的使用。

【学习过程】

学习任务一:认识力的单位

1.观察弹簧测力计的面板,阅读课本98页。

力的单位是_____,简称_____,符号_____。

2.了解常见的力的大小

(1)阅读下列资料并利用桌上器材体验。

手托1个钩码的力为0.5牛(试一试),托起2只鸡蛋的力约为1牛;拉开易拉罐用的力约为20牛;一般成年男子手的最大握力约为560牛。

(2)估计:一本科学书,会对桌面产生多大的压力呢?

〔小试牛刀〕判断以下说法是否正确,若不正确请改正。(检测目标1)

①用手托起一个苹果所需的力约为20牛;②两袋水泥对地面的压力约100千克。

学习任务二:认识弹簧测力计

1.认识弹簧测力计的构造

自主阅读课本99页,认识弹簧测力计的结构。

2.认识弹簧的弹力

(1)实验获真知

把弹簧的上端固定在铁架台上,用手向下拉弹簧的下端,观察弹簧长度的变化。这时,你的手有什么感觉?

将弹簧拉得更长,手的感觉有什么变化?

撤去拉力,弹簧的长度将发生什么变化?

(2)分析明真理

观察弹簧的形变,弹簧受到拉力时会发生形变,不受力时会恢复原来的状态,这种性质叫作_____。进一步观察,弹簧的长度与受到的拉力存在怎样的关系?

思考:弹簧的这一性质可以作何应用?

分析手的感觉:向下拉弹簧,手受到一个向_____的拉力,这个力的施力物体是_____,这是弹簧手的拉伸作用,这个力叫作_____。

〔大展身手〕体育课上,几位同学拉同一弹簧拉力器,都将手臂撑直了,其中甲同学身材壮实手臂粗,乙同学个子高手臂也长,丙同学是公认的"大力士"。请你分析,此时他们谁对拉力器施加的力更大?并简述原因。(检测目标2)

学习任务三:弹簧测力计的使用

〔观看视频〕自主归纳弹簧测力计使用时的重要操作,并和组内同伴交流。

〔探究实验〕使用弹簧测力计,完成以下小实验。

(1)观察弹簧测力计。注意量程及最小刻度。

(2)四人合作:利用所给仪器尝试测出一本科学书对桌面产生的压力。F = _____。

仪器:弹簧测力计一个、细线一条、铁架台。

简述关键步骤(可画图)后动手操作。(检测目标3)

(3)拓展思考:将一个已经竖直调零的弹簧测力计倒挂在铁架台上,你观察到了什么现象?为什么会出现这个现象?

【作业与检测】

A 组

1. 右图是小明用弹簧测力计测量物体重力的情景,此时弹簧测力计中的弹簧所受拉力为( )。(检测目标1、2)

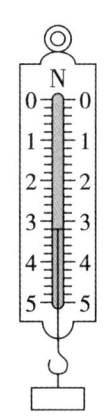

A. 3.6 牛　　　　B. 2.4 牛

C. 2.4 千克　　　D. 3.6 千克

2. 小明和小忠想把一条弹性绳拉开,使弹性绳两端的拉环能分别套在相隔一段距离的两根柱子上,用来晒衣服。现有两种方法:一种是按图甲的方法做,另一种是按图乙的方法做。关于这两种方法,下列说法正确的是( )。(检测目标3)

A. 图甲中每个人所用的力比图乙中每个人所用的力要小

B. 图乙中每个人所用的力比图甲中每个人所用的力要小

C. 图甲中每个人所用的力与图乙中每个人所用的力相同

D. 条件不足,无法比较图甲中每个人所用的力与图乙中每个人所用的力的大小

B 组

3. 如图所示,某同学在实验时,将一物体挂在竖直悬挂的弹簧测力计的秤钩上,测出物体对弹簧测力计的拉力为2.6牛。然后把弹簧测力计倒过来,又将同一物体挂在弹簧测力计的吊环上,秤钩固定,当物体静止时,弹簧测力计的示数将_____2.6牛(填写"大于""小于"或"等于")。(检测目标2)

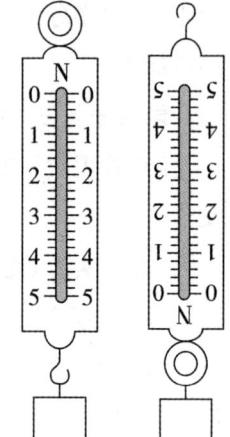

☆4. 为了研究弹簧受到拉力作用时,其伸长量与弹簧自身因素的关系,小明同学选择了如图所示器材弹簧测力计,弹簧A、B、C、D,其中弹簧A、C由同种金属丝绕制而成,弹簧B、D由另一种金属丝绕制而成。A、B原来的长度均为L_0,C、D原来的长度均为L_0',且A、B、C、D的横截面均相同。实验操作如下:他将弹簧A、B、C、D的左端固定,并分别用水平向右的力通过测力计拉伸弹簧,它们的长度各自增加了$\triangle L_1$、$\triangle L_2$、$\triangle L_3$和$\triangle L_4$,如图甲、乙、丙、丁所示。

(1)甲实验中弹簧测力计受到 A 弹簧水平向_____(选填"左"或"右")的拉力。

(2)操作甲、乙、丙、丁中,比较_____,说明弹簧的伸长量与金属丝的材料有关。

(3)小明同学通过比较甲、丙和乙、丁,进一步得出"同种材料制成的粗细相同的弹簧,在弹性限度内,弹簧的伸长量越大产生的弹力越大"的结论。你认为他的结论是否正确,并说明理由。(检测目标2、3)

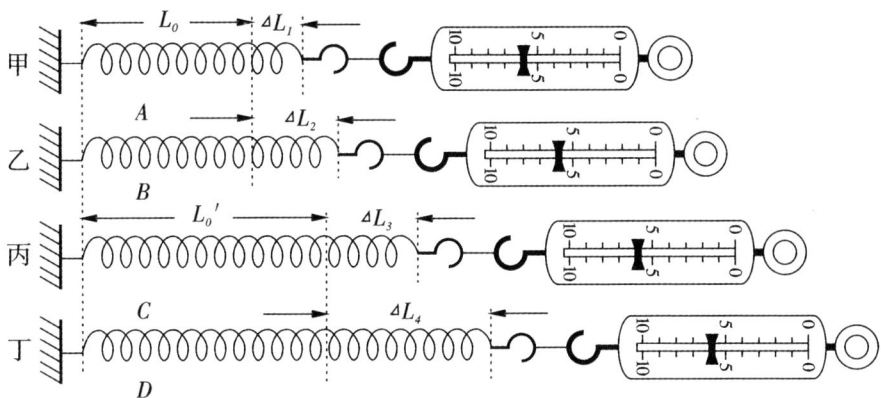

【学后反思】

1. 通过本节课的学习,你对弹力、弹簧和弹簧测力计的使用有了哪些认识?尝试用思维导图的形式整理。

2. 本节课中你使用了哪些科学方法?你曾经在哪些科学知识的学习中使用过相同的方法?

3. 这节课中还有那些问题或现象引起了你的注意,可以进一步探究。

【课后任务】

小明在弹簧测力计的两端秤环和秤钩上各施加6牛的拉力,如图所示,请你利用本节课学习的知识分析此时弹簧测力计的示数,并简要说明你的分析过程。

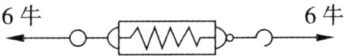

抽屉柜安全性的研究

郑 燕

【学习主题】

浙教版《科学》(2013年版)九年级上册第三章第四节(1课时)。

【课标要求】

知道常见简单机械(杠杆、滑轮、斜面等)的特点,并用它们解释一些生活实例。会运用简单的模型解释物质的运动和特性。

【学习目标】

1.通过模拟实验验证"抽屉柜翻倒原因"的猜测,建立杠杆模型解释现象,提高建模能力。

2.借助杠杆模型理解物理量的改变对杠杆平衡的影响,并利用杠杆平衡条件寻找最省力的方法,发展分析问题的能力。

3.通过简化杠杆模型来研究杠杆转动的变化,概括解决杠杆动态平衡问题的方法,体会建立模型的本质和作用,加强解决问题的能力。

【评价任务】

1.完成评价任务1。(检测目标1)

2.完成评价任务2。(检测目标2)

3.完成评价任务3。(检测目标1、2、3)

【资源建议】

1.通过模拟实验帮助学生初步建立杠杆模型,知识点从杠杆五要素过渡到杠杆平衡条件。体会建立模型的本质和作用,运用模型解决杠杆静止平衡和匀速转动平衡的问题。其中涉及的"建模、推理、分析、运用"等都是重要的学习方法与能力。

2.本节课按以下学习任务开展学习活动:建立杠杆模型解释变化原因→利用杠杆平衡寻找省力方法→应用杠杆模型研究转动变化。

3.本课时的重点是建立和运用杠杆模型解释现象并解决实际问题。难点是如何建立正确的杠杆模型帮助解决不同难度水平的实际问题。你可以通过完成三个学习任务来突破重难点;通过评价任务、作业与检测的完成情况来判断自己对学习目标的掌握程度。

【学习过程】

〔视频引入〕思考:我们从抽屉柜伤人的新闻事件中,猜一猜抽屉柜为什么会翻倒?

学习任务(一):建立杠杆模型,解释原因

〔活动一〕利用收纳盒及重物模拟抽屉柜翻倒的过程,在实物图上画出"拉开抽屉"受到的力,并解释新闻事件中抽屉柜翻倒的原因。

〔活动二〕若抽屉柜质量分布均匀,重力作用点在柜子中心,重力为G。画出抽屉柜翻倒过程的实物模型(标注物理量),并用力学知识解释翻倒原因。

〔评价任务1〕(检测目标1)

小明在科学课上站起来回答问题时,挂着书包袋的椅子向后翻倒了,请建立模型解释翻倒的原因。

学习任务(二):利用平衡条件,寻找方法

〔小组讨论〕从安全性的角度,你会选择什么样的抽屉柜来使用?并简单说明安全性高的抽屉柜是改变什么物理量来避免翻倒问题的。

抽屉柜的特点	改变的物理量
1.低矮的抽屉柜	降低抽屉柜的重心
2.	
3.	
……	

〔任务挑战〕要用最小的力将一个柜子沿着它的底边翻倒,你会如何做呢?请画出你的方案并简单说明。

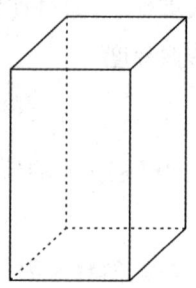

〔评价任务2〕(检测目标2)

抽屉柜在出售时配有安全固定装置,但大多数家庭并未将其安装固定在墙上。请作图分析固定装置安装在抽屉柜背面 A、B、C 哪个位置,使得该装置起作用时受力最小。

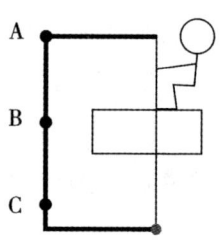

学习任务(三):运用模型,分析生活情境

〔活动三〕用方向始终水平的力 F 缓慢地将抽屉柜沿着底边抬起很小的角度(如图所示),请运用简化模型来分析抽屉柜在转动过程中 F 大小如何变化?

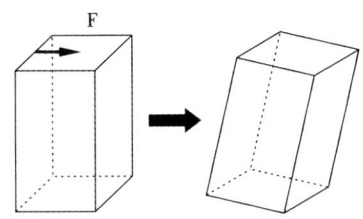

〔评价任务3〕(检测目标1、2、3)

生活情境:质量分布均匀的长方体茶几平放于客厅的水平地面上,如图所示第一次用竖直向上的力 F_1 作用在长边沿的中点,第二次用竖直向上的力 F_2 作用在短边沿的中点,两次的力都使茶几在竖直方向上慢慢向上移动一段相同距离,请分析说明上述过程中 F_1 与 F_2 的大小关系。

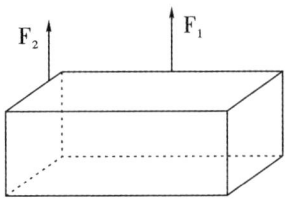

建立模型	分析说明

【作业与检测】

A 组

【写一写】防止立式花架倾倒的方法。

B 组

【算一算】如图所示,用固定在墙上的三角支架 ABC 放置空调室外机。如果 A 处螺钉松脱,则支架会绕 C 点倾翻。已知 AB 长 40 cm,AC 长 30 cm,室外机的重力为 300 N,正好处在 AB 中点处。求 A 处螺钉的水平拉力为多少牛(支架重力不计)? 为了安全,室外机的位置应尽量____(选填"靠近"或"远离")墙壁。

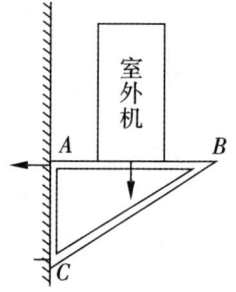

C 组

【微课题】

我们的生活中存在一些与抽屉柜翻倒类似的安全隐患,如何安全使用它们? 以"某某安全性的研究"为主题,选取生活中的某物品为研究对象,通过建立模型、寻找证据、解决问题等几个方面,撰写一份微课题研究报告。参考研究内容:①生活中的物品:立式台灯、衣帽架等;②生产中的应用:起重机、舞台背景板;③教室里两种椅子中哪种更安全。

【学后反思】

1. 体会建立模型的本质和作用,总结本节课中实际物体到杠杆模型建构的方法。

2. 本节课中运用建立的杠杆模型帮助你解决了哪些学习困难?你还有哪些困惑?

3. 科学知识运用于生活,学习后你有哪些安全使用抽屉柜的科学建议?

物质在水中的分散状况

黄芳芳

【学习主题】

浙教版《科学》(2013年版)八年级上册第一章第四节(1课时)。

【课标要求】

区别悬浊液、溶液和乳浊液。了解水及其他常见的溶剂。研究典型物质在水中的溶解情况。

【学习目标】

1.通过观看教师演示实验、与同学合作完成实验,学会药品取用、液体倾倒振荡、滴加等实验基本操作规范,提升实验操作能力,养成良好的实验素养。

2.通过实验、观察、分析和归纳,对分散状况进行分类,能说出它们的主要特征,理解溶液的概念,提升对实验现象的观察和分析归纳能力;结合生活实际,能区别溶液、悬浊液、乳浊液,增强解决问题的能力。

3.在经历各种感性体验的基础上,自学阅读材料,学会分析溶液中的溶剂和溶质,理解溶质和溶剂的概念;了解除了水外还有其他一些常见的溶剂在日常生活中的应用,体会学习物质的分散的意义和价值。

【评价任务】

1.判断,思考5。(检测目标2)

2.填一填,思考4。(检测目标3)

3.思考6、7。(检测目标2、3)

【资源与建议】

1.本课是学习后面溶解度,溶质质量分数等有关知识的基础,本课的学习是在对生活中的各种物质的分散有了初步感性认识的基础上,对溶液、悬浊液、乳浊液的区分和对它们的进一步深化认识,是一堂与生活实际结合比较紧密的课。

2.本课的重点是溶液、悬浊液、乳浊液的特征及其区分;溶液中溶质、溶剂的判断。难点是溶液概念的理解;准确区别悬浊液、乳浊液与溶液。学习过程涉及"实验—观察—思考—归纳"的科学研究方法的应用。

3.本课以动手实验为载体,要规范药品的取用、物质的溶解等实验的基本操作;在实验观察过程中要有认真细致、实事求是的科学态度,学会与他人合作交流。学习中还要结合日常生活的实例辨析悬浊液、乳浊液与溶液,以及它们在日常生活中的应用。

【学习过程】

引入:你有泡糖水的经历吗？放入水中蔗糖消失后,水变甜了。蔗糖到哪儿去了？

是不是所有的物质都和蔗糖在水中一样,能够溶解在其他物质里呢？

学习任务一:物质的分散状况

教师演示:高锰酸钾与水混合

〔实验活动〕小组合作通过实验来研究一些物质的分散状况(指向目标1、2)

根据表格内容,分别取少量下列物质放入相应的试管中,振荡后观察,记录现象;然后静置一会儿,再观察现象并记录。

药品用量说明:

取水3~5 mL,固体(硫酸铜、粉笔灰)取药匙小头一平匙,酒精、色拉油5滴,汽油2~3 mL。

编号 内容 实验步骤		1	2	3	4	5
		硫酸铜水	粉笔灰水	酒精水	色拉油水	色拉油汽油
1	振荡后分散的微粒(填固体小颗粒或小液滴或看不见)					
2	振荡后澄清还是浑浊?					
3	静置后分层还是稳定?					

思考1:请根据步骤2和3的现象,给1、2、3、4、5号试管进行分类。

总结:物质在水中的分散状况

思考2:分别仔细观察1、3、5号试管中的物质,上下各部分颜色深浅是否相同?

思考3:请对1、3、5号试管中物质的特点进行归纳,得出溶液的特点。

〔小结〕溶液

溶液的特点:_____、_____、的_____物。

溶质:被溶解的物质

溶剂:能溶解其他物质的物质

〔判断〕判断下列说法是否正确?若错误,请举例或说明原因。(检测目标2)

(1)均一、稳定的液体都是溶液。

(2)溶液是无色、透明的液体。

(3)溶液都是一种溶质和一种溶剂组成的。

学习任务二:溶液中溶质与溶剂的判定

〔知识链接〕溶液的命名:××(溶质)的××(溶剂)溶液　如:蔗糖的水溶液(蔗糖水)

1. 固体、气体溶于液体时,溶质是固体、气体,溶剂是液体。

2. 两种液体互溶时,一般情况下量多者为溶剂,量少者为溶质;但有水时,不论水的多少,水均为溶剂。

3. 用水做溶剂的叫水溶液,用酒精做溶剂的叫酒精溶液,一般不指明溶剂的溶液是指水溶液。如:高锰酸钾溶液 就是高锰酸钾的水溶液,溶质是高锰酸钾,溶剂是水。

阅读材料,写出1、3、5号试管形成的溶液中溶质和溶剂分别是什么。(指向目标3)

	1.硫酸铜+水	3.水+酒精	5.汽油+色拉油
溶质			
溶剂			

〔填一填〕分别指出下列溶液中的溶质和溶剂。（检测目标3）

溶液	食盐水	酒精溶液	碘酒	硝酸铵溶液	氢氧化钙溶液
溶质					
溶剂					

思考4：结合实验和生活经验思考下列问题，并举例说明。（检测目标3）

（1）溶质有哪些状态？

（2）溶剂一定是水吗？

（3）一种溶剂中只能溶解一种溶质吗？

思考5：泥水的状况和粉笔灰、色拉油在水中分散状况中的哪一个相似？为什么？（检测目标2）

〔小结〕浊液

1.悬浊液：_____悬浮在液体里形成的物质。如：_____。

2.乳浊液：_____分散在（不相溶的）液体里形成的物质。如：_____。

3.浊液特点：_____。

学习任务三：学以致用

思考6：衣服或手上油污能用水洗去吗？为什么？可以用什么溶剂洗去？（检测目标2、3）

〔生活情境〕请看一看教材P22,并阅读下列材料。

衣服干洗——我们穿的有些衣服的衣料是由天然纤维,如羊毛、真丝等制造的,湿水后会缩水、变形甚至褪色。遇到这类衣服或衣物沾上墨汁、指甲油等用水难洗的污渍,就需要干洗。干洗时,干洗店使用一些有机溶剂作为干洗液,把油性污渍洗掉。由于干洗溶剂都是一些致癌物质或具有中度毒性,对人体有害。所以,拿去干洗的衣物要相隔数天才可领回,让残留的干洗溶剂先挥发掉。

思考7：服装干洗原理是什么？（检测目标2、3）

【作业与检测】

A组习题（巩固学习）

1. 一杯食盐溶液,从其上部测得的密度为 a 克/厘米^3,则从其下部测出的密度是(　　)。（检测目标2）

　　A. 小于 a　　　B. 大于 a　　　C. 等于 a　　　D. 无法确定

2. 溶液区别于悬浊液、乳浊液的根本之处是(　　)。（检测目标2）

　　A. 溶液无色透明　　　　B. 溶液均一、稳定

　　C. 溶液可能有颜色　　　D. 溶液没有气味

3. 将少量的、菜油、醋、味精、胡椒粉、面粉,分别加入水中,振荡后,其中_____形成悬浊液,_____形成乳浊液,_____形成溶液。（填编号）（检测目标2、3）

4. 下列物质：生理盐水、石灰浆、泥水、牛奶、碘酒、冰水、豆浆中,属于溶液的是_____,属于乳浊液的是_____,属于悬浊液的是_____。（检测目标2）

5. 分别指出下列溶液中的溶质和溶剂。（检测目标3）

溶液	葡萄糖溶液	高锰酸钾溶液	碘酒	硝酸钾溶液	氯化钠溶液
溶质					
溶剂					

B 组习题（提高学习）

6. 小明将 5 克食盐放入 10 毫升水中充分溶解后，发现还有 2 克食盐没有溶解，则溶质的质量为多少克，溶液的质量为多少克？（检测目标 3）

7. 我们平时喝的"农夫山泉"矿泉水是溶液吗？为什么？（检测目标 2）

8. 雪碧瓶外说明写着：体积 500 毫升；配料：水、蔗糖、二氧化碳、柠檬酸、苯甲酸钾、食用香精；保质期：6 个月。针对雪碧你能说出与本节课相关的科学知识吗？（检测目标 2、3）

9. 冷开水为什么不能养鱼？（检测目标 2）

【学后反思】

1. 现在你能给溶液下个定义了吗？它与悬浊液、乳浊液的本质区别是什么？你能再举出一些上课没提到的日常生活中的例子吗？

溶液：分散到_____里，形成_____的物。

2. 在本节课的实验过程中你觉得最应重视的是什么？哪些环节你完成得最好？有哪些心得可以分享？哪些环节你做得不够好？如果再让你经历一次你会怎么做？

3. 学习了本节课你还有哪些现象想不明白？或者你还希望解决哪些问题？

【课后任务】

如果让你洗衣服，你对自己衣服上吃饭时不小心滴上的油渍、写字时蹭到的圆珠笔油，有什么好的处理方法呢？这么处理的科学依据是什么？

探究碱式碳酸铝镁的组成

吴文萍

【学习主题】

浙教版《科学》(2013年版)八年级下册第二章、第三章。

【课标要求】

1. 知道物质是由分子、原子、离子等肉眼看不到的微粒构成的。

2. 能进行物质组成的简单计算。

3. 知道化学方程式表示的意义,能根据化学方程式进行生成物和反应物之间的计算。

【学习目标】

1. 通过分析经典实验,总结出运用质量守恒定律定量探究物质组成的方法,提升归纳总结的能力。

2. 根据实验目的和原理,设计简单的实验方案,并选择合适的实验装置对物质进行定量探究,提高实验探究的能力。

3. 分析实验数据,运用质量守恒定律,进行化学式或化学方程式的相关计算,发展数据分析和根据理论进行定量运算的能力。

【评价任务】

1. 学习任务(二)中的思考1。(检测目标1)

2. 学习任务(二)中的实验设计。(检测目标2)

3. 学习任务(三)。(检测目标3)

【资源与建议】

1. 定量分析物质组成需要围绕定量探究的目标,综合运用质量守恒定律、化学实验方案设计、器材选择和连接、误差分析等化学知识,从中你要逐步掌握从定性到定量,从宏观到微观的化学学习方法。

2. 本主题的学习可以按以下流程进行:猜测碱式碳酸铝镁所含离子→

温故知新,建立定量探究物质组成的思维模型→运用科学实验定量探究碱式碳酸铝镁的组成→多重表征,确定碱式碳酸铝镁的化学式。

3.本主题的重点是根据质量守恒定律,从宏观到微观,总结出定量探究物质组成的科学方法。难点是根据实验目的和原理,设计定量探究物质组成的实验方案。你可以通过以往的定量实验,归纳总结定量测定物质组成的方法,突破重点;通过紧密围绕定量实验的目的,和积极的小组合作突破难点。

【学习过程】

[导入]铝碳酸镁片是常见的胃部抗酸药物,请同学们仔细阅读药品说明书,进行思考。

(1)说说该药品的主要成分是什么。

(2)结合药品的作用和主要成分,依据化学反应的本质,确定其中起抗酸作用的微观粒子。

(3)如何探究主要成分中各微观粒子的定量组成呢?

学习任务一:定量探究物质组成的方法

请同学们回顾以下两个实验,实验中的哪些宏观现象,可以帮助你得出关于"物质定量组成"的微观结论? 总结探究物质组成的方法。

(1)水电解实验。

(2)测定硫酸铜晶体分子中结晶水个数实验。

学习任务二:确定每个碱式碳酸铝镁分子中 OH^- 个数

已知碱式碳酸铝镁的化学式为 $Al_xMg_y(OH)_zCO_3·4H_2O$,受热能分解,化学方程式如下:

$$Al_xMg_y(OH)_zCO_3 \xrightarrow{\triangle} \frac{x}{2}Al_2O_3 + yMgO + CO_2\uparrow + \frac{z}{2}H_2O$$

思考1:利用该反应,结合提供的实验装置,可测定哪两个量,确定 z 的值(提供电子秤):

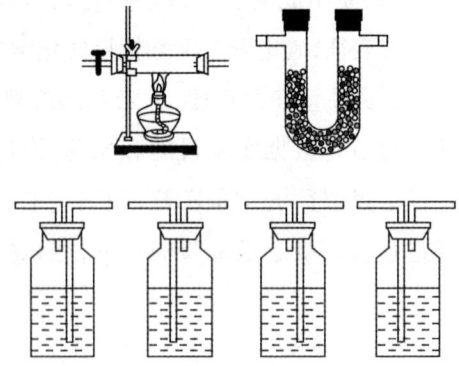

〔实验设计〕选择装置(可重复)按顺序连接(用大字母表示),注明各装置的作用。

装置:空气→(　　)→(　　)→(　　)→(　　)→(　　)

作用:　　　　→　　　　→　　　　→　　　　

〔实验步骤〕加热前通入空气;加热固体时关闭弹簧夹,停止通入空气;固体完全分解后,继续通入空气,停止加热。

〔计算〕根据化学方程式和实验数据,计算 z 的值(已知相对原子质量:H-1　C-12　O-16)

$$Al_xMg_y(OH)_zCO_3 \xrightarrow{\triangle} \frac{x}{2}Al_2O_3 + yMgO + CO_2\uparrow + \frac{z}{2}H_2O$$

学习任务三:确定碱式碳酸铝镁中 Al^{3+} 和 Mg^{2+} 的个数比

1. 将 x 克碱式碳酸铝镁完全受热分解后的剩余固体置于试管中,加入足量 NaOH 溶液,试管中固体质量随时间变化曲线如图所示(已知 Al_2O_3 能与 NaOH 反应,反应方程式 $Al_2O_3+2NaOH=2NaAlO_2+H_2O$,产生的偏铝酸钠 NaAlO2 极易溶于水)。

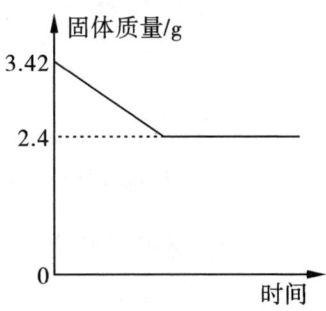

(1)图中 3.42 g、2.4 g 分别是什么物质的质量?

(2)利用化学方程式,求 $Al_xMg_y(OH)_{16}CO_3 \cdot 4H_2O$ 中 x 与 y 的比值。

(Al-27　O-16　Mg-24)

$$Al_xMg_y(OH)_zCO \xrightarrow{\triangle} \frac{x}{2}Al_2O_3 + yMgO + CO_2\uparrow + 8H_2O$$

2. 下列碱式碳酸铝镁的化学式正确的是( )。

A. $AlMg_3(OH)_{16}CO_3$ B. $Al_2Mg_6(OH)_{16}CO_3$

C. $Al_3Mg_9(OH)_{16}CO_3$ D. $Al_4Mg_{12}(OH)_{16}CO_3$

化学理论依据：

【作业与检测】

1. 某纯碱样品中含有少量氯化钠杂质,现用下图所示装置来测定纯碱样品中碳酸钠的质量分数(铁架台、铁夹等在图中均已略去)。实验步骤如下:①按图连接装置,并检查气密性;②准确称得盛有碱石灰(固体氢氧化钠和生石灰的混合物)的干燥管 D 的质量为83.4 g;③准确称得 6 g 纯碱样品放入容器 b 中;④打开分液漏斗 a 的旋塞,缓缓滴入稀硫酸,至不再产生气泡为止;⑤打开弹簧夹,往试管 A 中缓缓鼓入空气数分钟,然后称得干燥管 D 的总质量为85.6g。试回答:

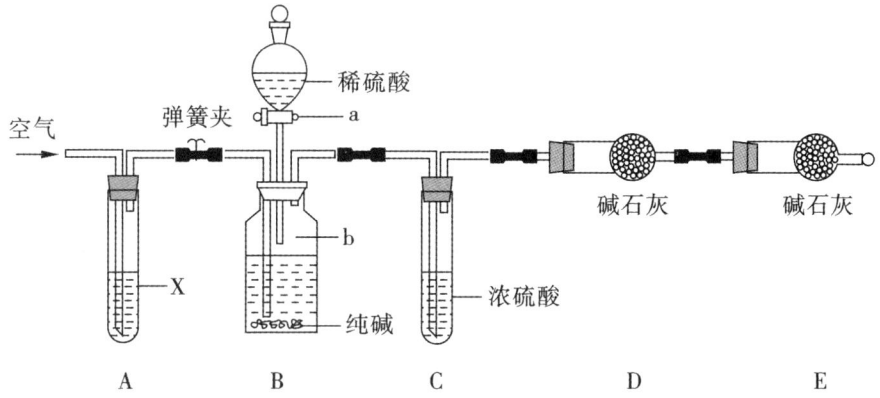

(1)若④⑤两步的实验操作太快,则会导致测定结果_____(填"偏大"或"偏小")。(检测目标2)

(2)鼓入空气的目的是____,装置 A 中试剂 X 应选用_____。(检测目标2)

(3)若没有 C 装置,则会导致测定结果____(填"偏大"或"偏小")。(检

测目标 2)

(4)E 装置的作用是_____
____。(检测目标 2)

(5)根据实验中测得的有关数据,计算出纯碱样品 Na2CO3 的质量分数为_____(计算结果保留一位小数)。(检测目标 3)

2. 碱式碳酸锌[Zn$_x$(OH)$_y$(CO$_3$)$_z$]是制备功能材料 ZnO 的原料,其化学反应表达式为:

Zn$_x$(OH)$_y$(CO$_3$)$_z$ $\longrightarrow$ ZnO+CO$_2$↑+H$_2$O(x、y、z 为正整数)。小金设计了图甲所示装置对碱式碳酸锌的组成进行探究(装置气密性良好,药品足量,实验操作正确):

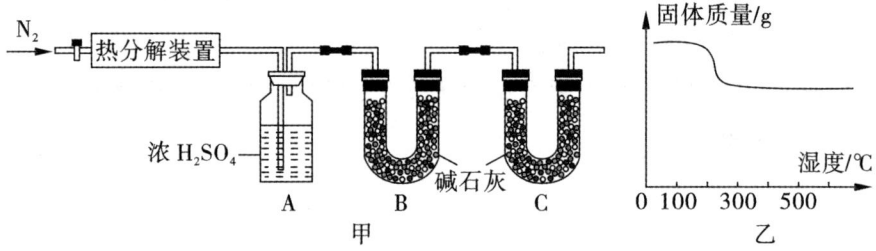

(1)图甲中装置 B 的作用是_____。(检测目标 2)

(2)查阅资料发现在不同温度条件下充分加热等质量的碱式碳酸锌样品,剩余固体的质量与加热温度的关系如图乙所示。实验中加热时,热分解装置的温度至少要达到____℃(选填"200""300"或"100")。(检测目标 2)

(3)部分实验步骤为:"……加热前先通入 N$_2$ 排尽装置内的空气,关闭通入 N$_2$ 的活塞,……控制一定温度下加热……"实验过程中可根据_____现象判断碱式碳酸锌样品已完。(检测目标 2)

(4)小金取 54.7 g 碱式碳酸锌样品(不含杂质),放置于分解装置内,完全反应后测得装置 A 增重 5.4 g,装置 B 增重 8.8 g。则 x∶y∶z 的最简整数比为。(检测目标 3)

【学后反思】

1.根据本节课的内容,以框架图的形式整理定量探究物质组成的知识和方法。

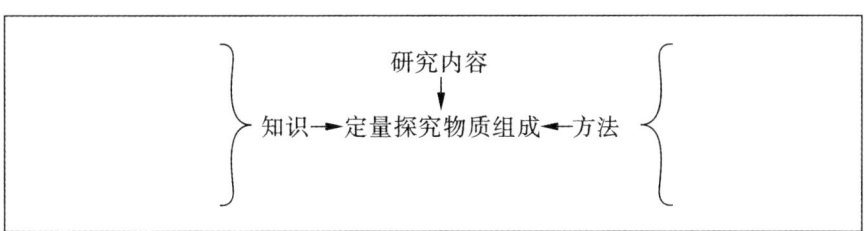

2.本节课同学们从微观角度成功获得了碱式碳酸铝镁的定量组成,说说定量探究物质组成的科技和社会意义,以及你在科学探究过程中的收获。

质量守恒定律

顾娇娇

【学习主题】

浙教版《科学》(2013年版)八年级下册第三章第一节(1课时)。

【课标要求】

通过实验认识质量守恒定律,并用它来解释常见的现象。

【学习目标】

1. 通过阅读科学史,知道质量守恒定律;小组合作验证实验,理解质量守恒定律,提升证据意识。

2. 通过归纳微观模型的特点,理解化学反应的实质,提高分析推理的能力。

3. 会用质量守恒定律解释常见的现象,提升知识迁移能力。

【评价任务】

1. 完成评价任务1。(检测目标1)

2. 完成评价任务2。(检测目标2)

3. 完成评价任务3。(检测目标3)

【资源建议】

4. 本课时是在学习了"氧化和燃烧"后,对化学反应前后物质的质量如何变化进行探究。为后续学习"化学方程式的书写和计算"做好铺垫。

5. 本课时按以下顺序进行学习:实验验证质量守恒定律→微观解释质量守恒定律→解释常见的现象。

6. 本课时的重、难点是质量守恒定律的理解和应用。你可以通过完成评价任务(二)来突破重难点;通过检测与作业来判断对学习目标的掌握程度。

【学习过程】

学习任务一——实验验证质量守恒定律

〔活动一〕阅读资料,回答问题。

1673年,波义耳将已知质量的金属放在密闭容器里煅烧,煅烧后他打开容器盖进行称量,发现反应后的固体质量增加了。他认为金属在煅烧中结合了燃素,即金属+燃素→金属灰,所以质量变大了。

1774年,拉瓦锡重做了波义耳关于煅烧金属的实验。他将已知重量的锡放入曲颈瓶中,密封后称其总重量。然后经过充分加热使锡灰化。待冷却后,称其总重量,确认其总重量没有变化。拉瓦锡又对铅、铁等金属进行了同样的煅烧实验,结果还是一样,由此否定了波义耳的火微粒之说,并且认为化学反应前后总质量不发生变化。

波义耳与拉瓦锡实验装置有什么不同?

他们所探究的问题是什么?

〔活动二〕实验目的:验证化学反应前后质量是否发生变化。

表1 实验记录表

反应物	现象	是否发生了化学变化	前后两次质量是否相等
$CuSO_4$ 与 NaOH			
镁与 HCl			

〔评价任务1〕罗蒙诺索夫先在一个密封的曲颈瓶中放些碎锡块,并称取质量为 m_1;加热曲颈瓶后再称质量为 m_2;打开曲颈瓶盖,有"嘘"的一声;再称曲颈瓶质量为 m_3;瓶中碎锡块由白色变黑色(氧化锡)。请比较 m_1、m_2 和 m_3 的大小关系。(检测目标2)

学习任务二——质量守恒定律微观解释

〔活动三〕请根据图1和图2,完成表格。

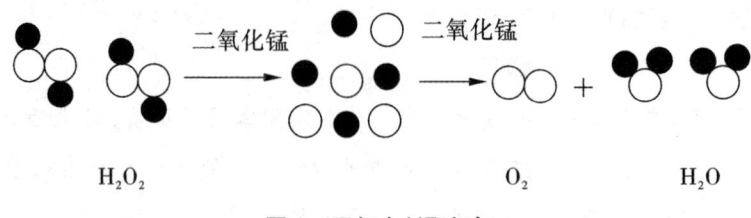

图1 双氧水制取氧气

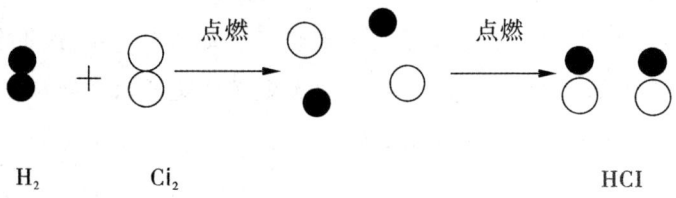

图2 氢气在氯气中燃烧

表2 化学反应的特点

不变的量	变化的量	可能的量

小结:为什么物质在发生化学反应前后,各物质的质量总和相等呢？请从微观角度进行分析。

〔评价任务2〕拉瓦锡将汞放进"曲颈甑"。瓶颈与一个钟形的玻璃罩相通,玻璃罩内是空气。拉瓦锡用炉子昼夜不停地加热曲颈甑中的汞。在汞那发亮的表面,很快出现了红色的渣滓(氧化汞)。请将拉瓦锡实验的微观模型图补充完整。○表示氧原子,●表示汞原子。(检测目标2)

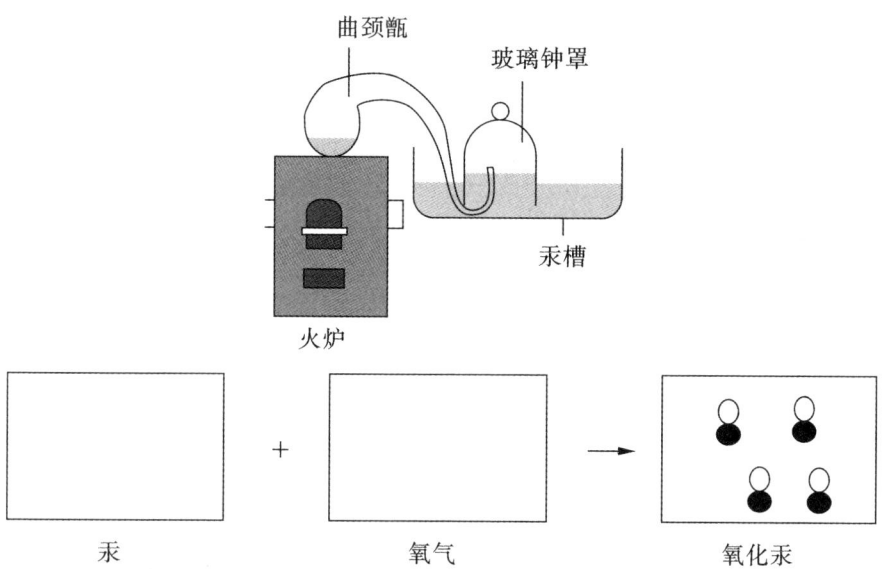

学习任务三 ——质量守恒定律应用

〔思考与讨论〕

10 kg 水凝结成 10 kg 的冰,能用质量守恒定律来解释吗?

1 吨煤炭燃烧后留下了很多煤渣,还产生 1.62 吨二氧化碳,是否遵循质量守恒定律吗?

〔评价任务3〕炼金家的梦想:炼金家包括两类人:巫师和冶金家,他们的梦想就是把铜变成黄金。从古代到18世纪,他们兢兢业业从事冶金活动,最终都没有成功。请你解释炼金家的梦想没有实现的原因? 你有什么方法帮助他们实现梦想?(检测目标3)

【作业与检测】

A 组

1. 在天平两端各放等质量的两个锥形瓶,气球中装有等质量的大理石,如图所示。左盘锥形瓶中盛有 Mg 水,右盘锥形瓶中盛有 Mg 稀盐酸,天平平衡。(检测目标1)

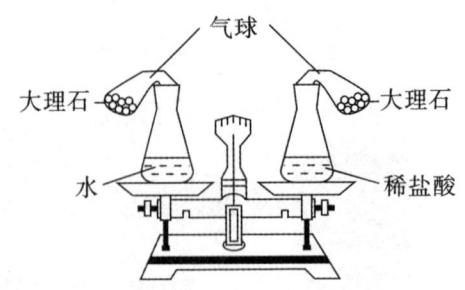

(1)实验开始时,将气球中的大理石倒入锥形瓶中,观察到的现象是_____,天平的指针_____(填"偏左""偏右"或"在标尺中央",下同)。

(2)待上述实验的反应完成后,将锥形瓶瓶口上的气球去掉,天平的指针_____,原因是_____。

2.汽车尾气中某些有害气体在催化剂作用下转化为空气中的无毒充分的微观示意图。(检测目标2)

参加反应的两种分子的个数比是_____

3.质量守恒定律是一条重要规律,请利用该规律的相关知识回答下列问题。(检测目标3)

(1)化学反应前后肯定没有变化的是_____。
①原子数目 ②分子数目 ③元素种类
④物质种类 ⑤原子种类 ⑥物质的总质量

(2)镁条在空气中完全燃烧后生成氧化镁(只考虑氧气参加反应),若固体质量变化用图1表示,则 m_2 与 m_1 之差表示参加反应的_____的质量。

(3)实验过程中,镁条点燃后实验现象如图2所示。镁条完全燃烧后,称量得知石棉网上留下固体质量反而比反应前镁条还轻,其原因可能是_____。

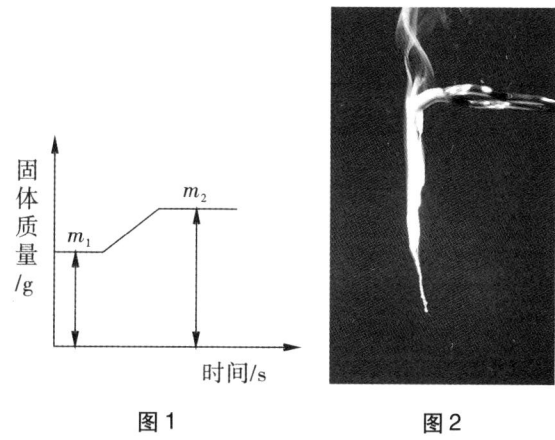

图1　　　　　图2

B组

4. 请回忆你学习过的"质量守恒定律"的实验探究,完成以下实验方案的探究。(下表中"实验结论分析"填"="">"或"<",提示:碳酸钙和稀盐酸反应会生成二氧化碳气体)将两个实验结果进行讨论对比时,有同学分析:有一个方案观察到天平不平衡,是因为_____,因此不能说质量不守恒。在反应物不变的前提下,要使天平平衡,你对该方案的改进措施是_____。

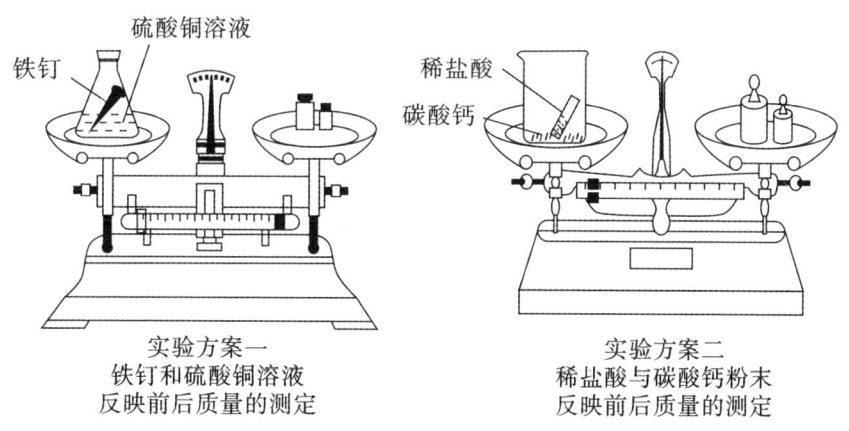

实验方案一
铁钉和硫酸铜溶液
反映前后质量的测定

实验方案二
稀盐酸与碳酸钙粉末
反应前后质量的测定

(检测目标1)

实验方案	方案一	方案二
反应现象	铁钉表面覆盖一层红色的物质，溶液由蓝色变成浅绿色	——
反应前的总质量	m_1	n_1
反应后的总质量	m_2	n_2
实验结论分析	m_1 _____ m_2	n_1 _____ n_2

5. 在细菌作用下，可以用氨气处理含有甲醇（CH_3OH）的工业废水，有关反应的化学方程式为 $5CH_3OH+12O_2+6NH_3 \rightarrow X+5CO_2+19H_2O$，则 X 的化学式为_____。（检测目标2）

【学后反思】

1. 小学对化学反应有一定的认识，请你写出通过本堂课的学习，你有哪些关于化学反应的新认识。

2. 本堂课中你还有哪些困惑？

植物的感应性

吴文萍

【学习主题】

浙教版《科学》(2013年版)八年级下册第三章第一节(1课时)。

【课标要求】

1. 列举植物的感应性现象。
2. 探究植物的向光性、向地性、向水性及对外界其他刺激的反应。

【学习目标】

1. 通过分析常见的自然现象,认识并列举植物的感应性现象,知道植物的感应性是普遍存在的,能对感性运动和向性运动进行区分,提高观察能力。

2. 通过课前实验的讨论与交流,利用实验验证植物的向光性、向地性,探究植物的向水性及对外界其他刺激的反应,提高科学探究的能力。

3. 通过对植物感应性的生物学意义的分析,理解植物各种生命活动都离不开物质与能量,认识环境与生物的关系,建立正确的生物学观念。

【评价任务】

1. 评价任务一。(检测目标1)
2. 评价任务二、三、四、五。(检测目标2)
3. 评价任务六。(检测目标3)

【资源与建议】

1. 植物的感应性是植物调节生命活动的重要方式,植物的感应性在自然界中是普遍存在的。你需要细心观察身边植物的生命现象并进行分析、归纳、比较;同时进行科学实验并与同伴进行合作与交流是学习的重要方式。

2. 本课时按照以下学习任务进行:植物的感应性现象→植物的向性运

动→植物的感性运动→植物感应性的生物学意义。

3.本课时的重点是植物的向性运动和感性运动,难点是向性运动和感性运动的实验探究。你可以通过归纳比较常见的感应性现象突破重点;通过完成课前实验,并在课堂上进行分享、交流与讨论,从而突破难点。

【学习过程】

〔导入〕请部分同学品尝美味的橘子,部分同学看这些同学吃橘子,吃橘子和看同学吃橘子时分别有什么反应?

〔思考〕动物会对外界刺激做出反应,植物是否也会对外界环境刺激做出一定的反应呢?

学习任务一:植物的感应性现象

〔活动1〕

1.结合你熟悉的植物的生命活动现象,举例说明,植物在受到哪些因素刺激时,会做出怎样的反应?说说什么是植物的感应性。

刺激因素	植物的反应	植物的感应性

2.分一分:上述表格中哪些感应性的外界刺激是具有方向性的?哪些感应性的植物运动方向会随着刺激方向而改变?明确植物感性运动和向性运动的区别,对上表中的植物感应性进行区分。

〔评价任务一〕(检测目标1)

植物体也能感受_____、烧灼、电触、骤冷、光暗变化等各种刺激,并产生运动,但与刺激的方向无关,植物的这种运动属于_____。牵牛花、葡萄等植物的卷须一旦接触到竿棍之类的物体就会缠绕在它们的上面这些都是植物的_____(选填"感性运动"或"向性运动")。

学习任务二:植物的向性运动

〔展示〕请同学们展示验证植物感应性相关活动的成果。

〔活动2〕植物的向光性:请同学通过照片和实物展示实验过程和现象。讨论与交流:实验应当选用植物的幼苗还是成熟植物,为什么?

〔评价任务二〕(检测目标2)

1. 根据植物的向光性原理,一般植物的哪个方向会更加枝繁叶茂?
2. 我们校园小花园里的香泡树哪一面更加枝繁叶茂?为什么?

〔活动3〕植物的向地性:请同学通过照片和实物展示实验过程和现象,讨论与交流:植物茎和根的生长方向与植物的摆放方向有关吗?实验应当选用植物的幼苗还是成熟的植物?说明植物的向光性是由哪一部分决定的?

〔评价任务三〕(检测目标2)

农民播种时随手播撒种子,根会不会向地上生长,而芽向地下生长?为什么?

〔活动4〕植物的结合河堤边植物根系生长图片,提出一个与植物感应性相关的可探究的问题,并设计探究方案。

提出问题	
建立假设	
设计实验方案	实验材料和器具
	变量控制
	实验步骤
实验现象	
实验结论	

〔评价任务四〕(检测目标2)

"浇则浇透"是养护花草的秘籍之一,你能解释其中的原理吗?

学习任务三：植物的感性运动

〔活动5〕观察含羞草

问题1：含羞草叶受到触碰时的运动方向是否与触碰方向有关？

实验1 操作	现象（叶的运动方式和方向）	结论
从不同方向触碰含羞草的叶		

问题2：含羞草叶的运动是否与触碰刺激的强度有关？

实验2 操作	现象（叶运动的方式、方向、速度）	结论
用笔轻轻地触碰含羞草的小叶		
用笔较重地敲含羞草的叶子		
用笔猛烈地敲含羞草上部的叶子		

〔评价任务五〕

含羞草对光照强度也会做出反应，请设计实验进行探究，并判断含羞草对光照强度的反应属于感性运动还是向性运动。

学习任务四：植物感应性的生物学意义

〔思考与讨论〕植物的感应性现象普遍存在,分别有什么生物学意义呢?

植物的感应性	生物学意义
向光性	
根的向地性	
茎的负向地性	
向水性	
向化性	
向触性	
感振性	
感光性、感温性	

〔评价任务六〕(检测目标3)

具有缠绕茎或者攀缘茎的植物总是借助所接触的其他物体不断向上生长,其意义是什么?

【作业与检测】

A 组

1.含羞草是同学们喜爱养护的一种豆科植物。当它置于黑暗中或受到风吹、外力触碰时,会出现小叶闭合或叶柄下垂。静置于光下时叶又会自然舒展。将它培植于窗台上一段时间,它的枝条会出现明显的向光生长现象。枝条向光生长的意义是可以使植物的叶得到更多的光,更好地进行光合作用。其中属于向性运动的有(　　)。(检测目标1)

  A.暗处小叶闭合　　　　　　B.触碰时叶柄下垂
  C.静置于光下小叶舒展　　　D.枝条向光生长

2.下列植物感应性反应中,非环境因素的单向刺激引起的是(　　)。(检测目标1)

  A.根向着地心方向生长　　　B.含羞草的小叶合拢

C. 茎背着地心方向生长　　　　D. 根朝向肥料较多的地方生长

3. 下列选项中,属于向光性的是(　　)。(检测目标2)

　　A. 捕蝇草的叶子捕捉苍蝇

　　B. 葡萄的卷须缠绕着附着物

　　C. 雏菊花早上开放,傍晚关闭

　　D. 室内植物的枝条朝向窗口的一侧生长

4. 某同学设计的实验装置及实验结果如图所示。下列关于该实验的分析最合理的是(　　)。(检测目标2)

　　A. 该实验的目的是探究幼苗生长是否需要水

　　B. 实验结果应观察并记录幼苗根的总数量

　　C. 实验中起对照作用的变量是幼苗左右两侧土壤含水量不同

　　D. 实验证明了根的生长具有向地性

5. 土壤中的种子萌发后,根总是向地下生长,这与种子横放或竖放无关。此现象反映了植物的　　性,有利于(　　)。(检测目标2、3)

B 组

6. 飞行于太空中的宇宙飞船中,在湿润的软质土壤横放一株植物幼苗。让它在完全失重的状态下,置于单侧光照射的环境中培养若干天。其根茎的生长方向应该是(　　)(检测目标2)

　　A. 根向下生长,茎向上生长

　　B. 根、茎都向原来摆放的方向生长

　　C. 根向土壤方向生长,茎向光源方向生长

D. 根和茎都向水平方向生长

7. 根据已学过的知识,不用人工修剪和使用药剂的方法,设计培育出图中植物盆景的方案,并说明其原理。(检测目标2)

8. 科学兴趣小组了解到植物的茎具有背离地面向上生长的特性。查阅资料发现,玉米幼苗能在黑暗中生长较长时间,是一种比较好的实验材料。于是他们利用玉米幼苗、大纸板箱等器材进行实验,以验证玉米的茎具有背地生长的特性。请你按照下表中实验方案的设计要求,完成相应的实验操作步骤。(检测目标2)

步骤	实验操作	实验方案设计要求
步骤一	选择10盆长势良好且大小相近的玉米幼苗,随机平均分成两组,分别标为A组和B组	选择合适的实验材料
步骤二	(1)_____	设置对照实验
步骤三	(2)_____	排除影响实验结果的主要因素的干扰
步骤四	(3)几天后,观察_____ (4)做好记录	观察和记录实验现象
步骤五	比较A、B两组的实验结果,得出结论	获取事实和证据并得出结论

【学后反思】

1. 请对植物的向性运动和感性运动进行比较。

植物的感应性		向性运动	感性运动
不同点	环境刺激(单向刺激/任意方向刺激)		
	运动方向(是否与刺激方向有关)		
	反应速度(较快/较慢)		
相同点	①生命活动调节的基本方式角度分析： ②生物学意义角度分析：		

2. 本堂课的学习内容体现了哪些生物学的基本观念，请举例说明。

地球表面的板块

宋华东

【学习主题】

浙教版《科学》(2013年版)七年级上册第三章第六节(1课时)。

【课程标准】

1. 知道板块学说的要点,领悟假说在科学发现中的重要作用。
2. 举例说明地球表面海洋和陆地处在不断的运动和变化之中。

【学习目标】

1. 了解"大陆漂移说""海底扩张学说"和"板块构造学说"的形成过程,初步体会假说在科学发展史中的重要作用,养成严谨、执着的科学研究态度。

2. 通过模拟实验、小组合作探究等系列学习活动,能说出"海底扩张学说"的主要论点,形成证据意识。

3. 通过模拟实验,能用板块构造学说解释地球上某些现象发生的原因,提升分析问题的能力。

【评价任务】

1. 举一反三。(检测目标1)
2. 一通百通。(检测目标2)
3. 学以致用。(检测目标3)

【资源建议】

1. 本课时是学习了地球的内部结构和地壳变动后,对地球的进一步认识,有助于知道地壳变动的最根本原因,也为后续的地形学习提供支持。

2. 本课时按以下学习任务进行学习:发现证据,形成假说→质疑假说,完善证据→假说发展,解释现象。

3. 本课时的重点是感受"大陆漂移说""海底扩张学说"和"板块构造学

说"的假说建立过程,初步领悟假说在科学发展史中的重要作用,难点是用板块构造学说解释某些现象。你可以通过完成学习任务(二)和(三)突破重难点;通过检测与作业的完成情况来判断自己对学习目标的掌握程度。

【学习过程】

活动引入

观察世界地图上非洲和南美洲的轮廓,发现了什么?

课中学习

学习任务一:发现证据,形成假说

〔想一想〕判断以下两幅图,哪一幅图来自同一张报纸?判断依据是什么?

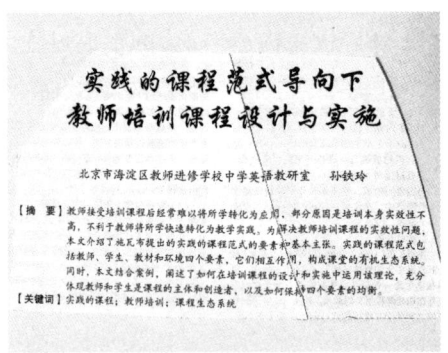

图1

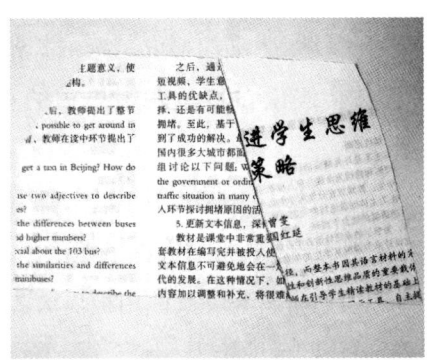

图2

〔知识链接〕魏格纳的故事

20世纪初,德国地球物理学家魏格纳(Alfred Lothar Wegener)在30岁那年,意外地发现大西洋两岸的轮廓竟是如此相对应。是偶然的巧合,还是非洲大陆曾经与南美大陆是一个整体,后来因为其他原因破裂漂移分开的?他提出了一个大胆的假说——大陆是漂移的。此后,魏格纳几乎用全部的精力去寻找证据。他发现北美洲和非洲、欧洲在地层、岩石构造上遥相呼应,南美、南非、南澳大利亚和印度南部都存有晚古生代冰川痕迹,大西洋两岸古生物群具有亲缘关系,一种叫舌羊齿的植物化石在印度、澳大利亚和非洲的岩层中被发现。1915年,魏格纳出版《海陆的起源》一书,正式确立"大陆漂移说"。这一理论认为,地球的陆地在2亿年前还是彼此相连的一个整体,后来,由于受到力的作用,才不断分离并漂移到现在的位置。

在当时,魏格纳的大陆漂移说,被人们视为荒谬的奇谈,他本人也遭到非难。为进一步寻找大陆漂移的证据,他只身前往北极地区的格陵兰岛探险考察,不幸在50岁生日那天遇难。不过,值得告慰的是,魏格纳之后,人们陆续发现了一些大陆漂移的新证据,大陆漂移说逐渐被人们接受。

根据以上信息回答下列问题:
①魏格纳寻找到了哪些证据证明大陆在很久以前是彼此相连的一个整体?
②什么是"大陆漂移说"?
③魏格纳一生奉献于科学探究,他的哪些精神值得我们学习呢?

〔举一反三〕魏格纳发现的四种证据能不能完全证明"大陆漂移说"的两个观点?(检测目标1)

学习任务二:质疑假说,完善证据

〔观看视频〕

思考:1.洋中脊是如何形成的?

2.为什么海洋地壳(又叫洋壳)会移动?

〔模拟实验一〕模拟海底扩张过程,描述海洋地壳年龄的分布规律和形成原因。

提示:1.中缝代表洋中脊。

2.两边的缝代表洋壳沉入地幔的部位。

3.纸上的条带代表了不同时间形成的岩石。

图3

〔一通百通〕"海底扩张学说"是否支持了"大陆漂移说"?它解决了"大陆漂移说"什么问题?(检测目标2)

学习任务三:假说发展,解释现象

〔想一想〕能否用"海底扩张学说"来解释位于亚欧大陆的喜马拉雅山的不断长高?

〔填空〕板块构造学说认为,地球的岩石圈可以分为_____大板块,这些板块"漂浮"在_____上,相互不断地发生_____和_____。

〔模拟实验二〕将两本书相对放在一起,然后将书向中间移动,观察现象。

〔模拟实验三〕取两块板,把板拼合在一起,上面贴上一张纸,如图4,在板上放一只空瓶子。两个人朝不同的方向慢慢用力拉板,直至纸断裂。当纸断裂时,你感受到了_____。

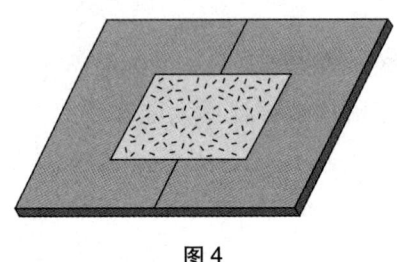

图4

〔学以致用〕尝试用板块构造学说来解释为什么地中海在缩小,而红海在不断地扩张?(检测目标3)

【作业与检测】

A组

1.下列证据不支持大陆漂移学说的是( )(检测目标1)

   A.浙江和江苏两地有相同的物种(枇杷、杨梅)

   B.可以按照地理界线拼合各大洲连续的煤层矿带

   C.南美洲和非洲有相似的物种(鸵鸟、海牛)

   D.大西洋两岸地形的高度拟合

2.科学假说必须根据已获得的经验材料和已知的事实,"海底扩张说"的建立,所依据的事实是( )(检测目标2)

   A.大西洋两岸古生物群具有的亲缘关系

   B.海底山脉岩石的年龄离大洋中脊越远越老

   C.非洲西海岸与南美洲东海岸的大洋海陆线的吻合性

   D.一种叫舌羊齿的植物化石在印度、澳大利亚和非洲的岩层中被发现

B 组

3.读书本中"世界板块构造分布和世界火山地震分布图",联系板块构造学说的相关知识,解释下列现象。(检测目标3)

(1)印度尼西亚是个著名的"火山国"。

(2)日本是个著名的地震国。

(3)红海面积不断扩张。

【学后反思】

1.请根据本节课所学内容,建立知识点间的联系,画出思维导图。

2.对于本堂课你还有哪些困惑?对这些困惑你是怎样思考的?

鸦片战争

许 阳

【学习主题】

人教版《历史与社会》(2018年版)八年级下册第八单元第一课(1课时)。

【课标要求】

1. 列举实例,综合多种因素,认识清末中国面临多种民族危机和社会危机。

2. 讲述近代中国人民反抗列强侵略和专制统治的故事,解析中国近代仁人志士探索中华民族复兴之路的艰辛。

【学习目标】

1. 结合林则徐虎门销烟的内容,感悟近代中国人民抵抗外侮的精神,激发爱国主义情怀,加强国家认同;通过阅读史料,能区别英国发动鸦片战争的直接原因和根本原因,由此认识殖民主义的侵略本质,提升史料实证的能力。

2. 通过观看历史纪录片,以及阅读图文资料,能概述鸦片战争的基本史实,揭露清政府的腐败无能,理解落后就会挨打的道理,形成正确的历史意识。

3. 通过小组讨论,能罗列《南京条约》的基本内容,并能说出其影响,从而感受中华民族所受到的深重灾难,理解鸦片战争对中国历史进程的深远影响,形成正确的历史评判。

【评价任务】

1. 完成任务一——思维拓展和情感激发。(检测目标1)

2. 完成任务二。(检测目标2)

3. 完成任务三。(检测目标3)

【资源与建议】

1. 在之前学习的7个单元中,我们逐步知道并尝试运用了一些历史学习的方法,比如分析史料,提炼历史观点。本课的学习重点放在分析历史事件的前因后果,学会多角度地评价历史事件,培养一定的历史分析和解释能力。

2. 课前个人收集或了解有关近代英国殖民者用鸦片荼毒中国人民的史实。

3. 建议分4~6人的课堂学习小组,根据教材中《南京条约》相关的图文资料,通过讨论、合作和自主学习等方法,形成比较全面、客观的历史观点,培养史料证实、历史理解的素养。

【学习过程】

导入:罂粟花颜色鲜艳,夺人眼球,却被称为"罪恶之花"。

材料一:

罂粟是一种草本植物,最早产于希腊,7世纪经由阿拉伯人之手传入中国,明代以前仅被作为药物使用。罂粟果实的汁液进行提炼、熬制,即为鸦片,具有强烈的麻醉性,是一种残害人们身心健康的毒品。人们要是吸食这种毒品,很容易上瘾,慢慢中毒,不用多久,一个身体强壮、精神饱满的人,就变得形容枯槁、萎靡不振。

材料二:

问题:吸食鸦片对个人有什么危害?鸦片流入中国,对国家、人民产生什么危害?

学习任务一:虎门销烟(指向目标1)

1. 活动方案:阅读下列图文资料,结合教材第88页,回答问题。

材料一:

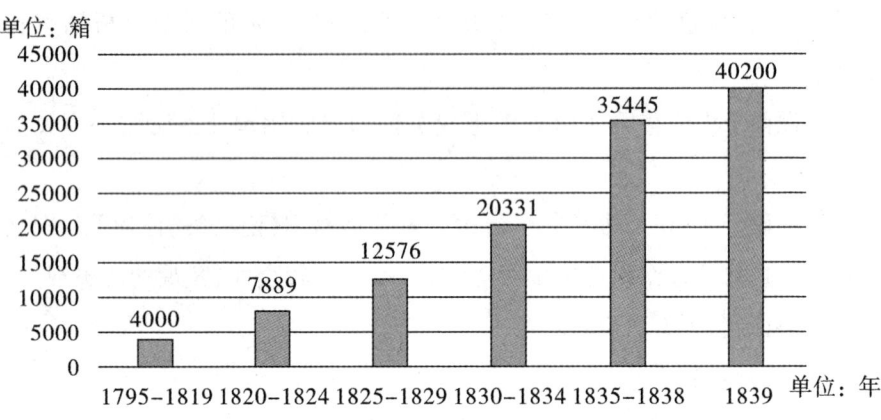

图1 英国输入中国的鸦片激增表

问题:1840年前,英国输入中国的鸦片数量情况怎样?原因是什么?

材料二:当中国人试图强行禁止鸦片交易时,便爆发了第一次中英战争,即通常所称的鸦片战争。皇帝任命林则徐为钦差大臣……查封了2万箱价值600万美元的鸦片,并当众予以销毁。这一举动引起的纠纷导致了中国战船与英国战舰的冲突;1839年11月,战争爆发了。

——《全球通史》斯塔夫里阿诺斯

问题:

材料二中"查封了2万箱价值600万美元的鸦片,并当众予以销毁"指的是哪一事件?

根据材料一、二,说出鸦片战争爆发的导火线、直接原因及根本原因分别是什么?

2. 思维拓展:结合以上所学和下列史料,分析英国海军上将查理·义律

的报告的目的和实质。(检测目标1)

材料三:查理·义律(被迫缴烟的同时)报告英国外交大臣巴麦尊,称中国政府禁烟"乃是陛下政府对于过去所受一切损失取得补偿的最好理由",也是扩大对华贸易"最有希望的机会"。中国"强迫缴出英国人的财产(注:指鸦片)就是一种侵略"。"应该使用足够的武力",对中国进行"迅速而沉重的打击"。

——摘编自《义律致巴麦尊私人机密信》

3.情感激发:通过以上学习内容的学习,再欣赏人民英雄纪念碑浮雕之"虎门销烟",林则徐身上所体现的民族精神。(检测目标1)

学习任务二:鸦片战争的经过(指向目标2)

1.方案:阅读资料,阅读教材第89页,完成对鸦片战争经过的梳理。(检测目标2)

材料一:央视纪录片《鸦片战争》剪辑版
材料二:参见人民教育出版社《中国历史》(2017年7月第1版)八年级上册第5页鸦片战争形势图,第6页中英《南京条约》签订时的场景(绘画)。

起止时间	
交战双方	
战争结果	
签订的系列不平等条约	
战争的影响	

学习任务三:屈辱的岁月(指向目标3)

活动方案:小组合作学习,分析中国近代史上第一个不平等条约——中英《南京条约》的主要内容及影响,从而说明鸦片战争对中国的深远影响。(检测目标3)

中英《南京条约》的主要内容	影响
①	
②	
③	
④	
……	……
总体概括该条约对中国社会产生的深远影响	

【作业与检测】

1.根据所学知识,将选项内容填进括号。(检测目标1)

①虎门销烟　　②倾销鸦片,烟毒肆虐　　③政治腐败,军备废弛　　④清朝统治危机

英国打开中国市场→(　　　)→给中国带来严重的灾难→(　　　)→英国以此为借口发动了鸦片战争→(　　　)

2.180多年前,曾经不可一世、高高在上的大清帝国一夜之间被英国人打得颜面扫地,这掀开了中国100多年的屈辱史。这场战争让中国付出的代价是(　　)。(检测目标2)

　　A.割让台湾岛给英国　　　B.中国的关税主权被破坏

　　C.杭州成为通商口岸　　　D.完全沦为半殖民地半封建社会

3.如图所示,Y轴表示的是(　　　)。(检测目标3)

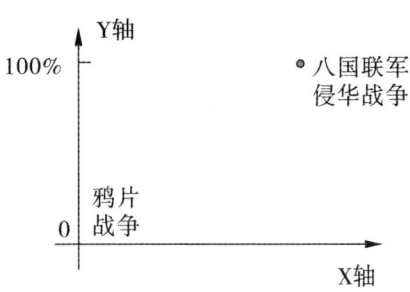

A.近代中国抗击外来侵略的历程　　B.近代中国农民起义的过程

C.中国半殖民地半封建社会程度　　D.近代中国民族工业发展历程

【学后反思】

1.通过本节课的学习,你了解并初步学会运用"历史分析法"了吗?比如我们在分析鸦片战争爆发的原因的时候,需要追根溯源,弄清楚事件的来龙去脉:

鸦片战争爆发的原因:直接原因:_____→主要原因:_____等→根本原因:_____。

你还可以举出其他我们学习过的历史事件,尝试来绘制这样的图示。

2."鸦片战争用火和剑的形式,告诉中国人的使命:中国必须近代化,顺合世界潮流。"结合所学知识,鸦片战争带给我们的启示是什么?

日光之城——拉萨

李添文

【学习主题】

人教版《历史与社会》(2018年版)七年级下册第六单元第四课(2课时)。

【课标要求】

描述我国不同地区的自然条件和人文环境特征,比较人们社会生活和风土人情等方面的特点。

【学习目标】

1. 阅读拉萨地区的地理位置、地形图、气候资料图,获取并运用有效的信息,描述该地区自然环境的基本特征,提升区域认知能力。

2. 阅读图文资料,分析拉萨发展太阳能的优势及带来的好处,提升时空综合能力。

3. 分析图文资料,阐述拉萨的历史人文环境对拉萨形成的影响,增强历史理解能力。

4. 探究拉萨未来的建设,理解人与自然和谐的重要性,发展科学发展与生态文明的观念。

【评价任务】

1. 完成小组合作一,拓展思维。(检测目标1)

2. 完成小组合作二。(检测目标2)

3. 完成讨论。(检测目标3)

4. 完成合作探究。(检测目标4)

【资源建议】

1. 本主题是在学习"青藏地区高寒自然环境决定了独特的牧业生产特色"的基础上,学习拉萨的人文环境特征和光能资源。是认识拉萨利用光能资源发展绿色环保节能产业,必不可少的一课。体会本单元的"一方水土养一方人"主题内涵。

2.本主题的学习可按以下逻辑顺序进行:走进拉萨→日光之城→人文之城→发展之城。

3.本课的重难点是描述拉萨太阳能的开发状况。你可以通过学习任务一和二来突破本节的重难点。

【学习过程】

学习任务一:走进拉萨

〔自主学习〕绍兴的小刚暑假去拉萨研学,出发前查询地图了解古城的地理位置。观察地图册,描述拉萨的地理位置(指向目标1)

〔小组合作一〕小刚在网上找到了该城市的一些图片,请阅读地图册,以及 PPT 图片,利用 p11 页图 5-13 中国的地形图和拉萨的地形图,气候资料图。帮小刚整理有关拉萨的地形、气候、土壤、河流的特征。(检测目标1)

图1　　　　　图2

〔拓展思维〕归纳西藏城市形成的地理条件。(检测目标1)

学习任务二:日光之城

〔小组合作二〕小刚在拉萨旅游时,发现该城是一个阳光"沐浴"的城市,随处可见火车站的太阳能采暖系统、马路上的太阳能路灯、民居中的太阳能热水器、太阳房、太阳灶。结合拉萨的气候特点,归纳分析太阳能在拉萨发展太阳能的优势及带来的好处(指向目标2、检测目标2)

资料:拉萨每年平均日照总时数多达3005.3小时,平均每天有8小时15分钟的太阳。比在同纬度上的东部地区几乎多了一半,比四川盆地多了2倍。这样多的日照,称它为"日光城"并不过分。

拉萨海拔3658米,大气层薄而空气密度稀,水汽含量少,加上空气中不像西北地区含尘量大,大气透明度良好,因此阳光透过大气照射到拉萨,在大气层中被吸收、散射的量也就特别少。拉萨的天空晴朗,阳光特别灿烂而明亮,眺望远处的雪峰,清晰异常。由于大气稀薄,空气分子散射的蓝色光线已大大减弱,暗蓝色或蓝黑色的天空更加衬托出耀眼的太阳。

学习任务三:人文之城

小刚去了西藏之后了解到当地的一些人文特征。想做一个研学报告。

〔小组合作三〕请你精读教材P69页第二自然段内容,阅读卡"日光城的形成",图6-91、图6-92、图6-93,p70页阅读卡,第70页最后一段,认领任务,小组合作完成表格。(指向目标3)

圣城拉萨	建筑	
	朝圣者的穿着打扮	
	日常生活	
	传统节日	

〔合作探究〕请你阅读p69页的阅读卡,理清拉萨形成的人文环境的历史因素。(指向目标3)

资料:

圣城的形成

拉萨是一座具有1000多年历史的古城,"拉萨"在藏语中意为"圣地""佛地"。早在7世纪,松赞干布统一西藏,建立了吐蕃(tubo)王朝。文成公主嫁到吐蕃时,这里还是一片荒草滩。自从建造了大昭寺和小昭寺后,传教僧人和前来朝佛的人日渐增多,于是围绕大昭寺逐步建立旅馆、店铺、民宅等,形成了一条环形的八廊街,这就是拉萨旧城区的雏形。松赞干布还在红山建设宫殿,显赫中外的原名城从此形成。

〔讨论〕下面从人文环境的历史因素来分析,拉萨是怎么形成的?(检测目标3)

学习任务四:建设之城

〔自主学习〕阅读课本第71页,观察图6-95、6-96、6-97,精读课本了解拉萨市民新居、学生学习、休闲方式等变化。归纳拉萨的变与不变。(指向目标4)

生活水平	
休闲娱乐	
交通	
住房	
教育	

〔合作探究〕如果想让拉萨发展得更好,请同学们结合所学知识及课本资料,为拉萨发展献计献策:进行讨论。(检测目标4)

【作业与检测】

1. 西藏自治区的首府是(　　)。(检测目标1)

　A. 乌鲁木齐　　B. 西宁　　C. 兰州　　D. 拉萨

2. 拉萨市所在的地形类型是(　　)。(检测目标1)

　A. 平原　　B. 高原　　C. 盆地　　D. 丘陵

3. 拉萨市的气候类型是(　　)。(检测目标1)

　A. 温带大陆性气候　　　　B. 亚热带季风气候

　C. 高原山地气候　　　　　D. 热带季风气候

4. 下列称谓符合拉萨市特点的有(　　)。(检测目标1)

　①"东方的巴黎"　②"日光城"　③圣地　④春城

A.①②　　　B.②⑧　　　C.③④　　　D.①④

5.拉萨的标志性建筑是(　　)。(检测目标2)

A.布达拉宫　　B.小昭寺　　C.药王山　　D.大昭寺

6.对西藏的宗教起到深远影响的宗教是(　　)。(检测目标2)

A.佛教　　　B.基督教　　C.印度教　　D.道教

7.雪顿节又称为(　　)。(检测目标2)

①望果节　②"酸奶节"　③"藏戏节"　④"晒佛节"

A.①②③　　B.①③④　　C.②③④　　D.①②③④

8.下列同藏族同胞有关的有(　　)。(检测目标2)

①献"哈达"　②"打林卡"　③种植青稞　④泼水节

A.①②③　　B.②③④　　C.①③④　　D.①②③④

9.穿过拉萨市的铁路、公路有(　　)。(检测目标3)

①青藏铁路　②康藏公路　③青藏公路　④新藏公路

A.①②④　　B.②③④　　C.①③④　　D.①②③④

10.下列关于青藏铁路的叙述正确的是(　　)。(检测目标3)

A.青藏铁路贯穿青藏地区的东西两地

B.青藏铁路的开通便利了青藏地区小麦等农产品运往全国各地

C.铁路的开通改善了青藏地区的交通状况,有利于该地区经济的发展

D.青藏铁路穿过了新疆、西藏、甘肃等省区

11.小丽一家打算假期去拉萨市旅游。请你给她介绍一些拉萨市的旅游景点,并且告知她去旅游时的注意事项。(检测目标3)

【学后反思】

这节课你收获了什么？你的问题有哪些？你的困惑是什么？请写下自己需要求助的困惑,或分享何以学会的策略等。如果你是拉萨市长,你将怎么样去发展拉萨的经济。

排球——移动垫球

程 宇

【学习主题】

拱宸中学校本课程"灵动排球——垫球技术方法与运用"单元(3课时)。

【课标要求】

1. 参与排球学习和锻炼,享受排球运动的乐趣。

2. 学习排球运动的知识,掌握排球垫球技能和练习方法。

3. 通过垫球的学习发展体能和健身能力,培养坚强的意志品质,形成合作意识与能力,形成良好的体育道德。

【学习目标】

1. 通过示范与练习比赛,能够说出移动垫球的要领,并表现出浓厚的学习兴趣。

2. 通过1VS1、1VS2、2VS2的练习环境,能够初步做出先移动后伸手垫球的动作,并表现出一定的移动速度和灵敏素质。

3. 通过不同练习情景的创设,能够表现出团结协作、永不言弃的体育品格。

【评价任务】

1. 完成任务一。(检测目标1)

2. 完成任务二。(检测目标2)

3. 完成任务三。(检测目标3)

【资源与建议】

1. 垫球是排球的六大技术之一,也是在比赛中最常使用的技术。移动垫球的学习,可以帮助学生更好地在比赛中运用垫球技术,根据人数设置出不同的练习情景,能够更好地感受比赛以及比赛中队员之间的配合。

2.本课的学习路径:观看挂图和教师的示范动作,形成表象认识→学习掌握技术→实战运用技术。

3.《垫球技术方法与运用》单元根据排球比赛中的情景,创设出不同的练习环境,提高垫球技术的运用能力,在比赛中轻松自如地运用,最终能够更好地进行比赛,最终体会到排球运动的乐趣,实现终身体育。

【学习过程】

课前准备:复习原地垫球的动作

1.每人手拿一球集合整队,听练习要求。

2.准备活动:球操。

3.排球原地垫球动作。低重心垫球:每垫一次就要摸地一次。

学习任务一:1VS1 抛垫球实战

比赛情景:如何在比赛情景中获胜?学校每年都将举办排球联赛,每班都要选拔出至少12名同学参与比赛,在体育课中以比赛的形式进行练习,为排球联赛队员的选拔提供技术支持。

移动垫球动作的要领:

(1)抛接球同学相距3米。

(2)抛球同学:球抛在离垫球同学身体前后左右移动一步就可接住的位置上。

(3)接球同学:在球落地前移动到合适位置后摸地,然后将球垫起,球垫起的高度在抛球同学头上为好。

计分方式:以对手接不住球为胜,一局5分,先得5分同学为胜,三局两胜。(检测目标1)

学习任务二:1VS2 抛垫球实战

抛垫球动作的要领:

(1)抛球同学和接球同学相距3米。

(2)抛球同学随意抛球,并要接住垫球同学垫起的球。

(3)垫球同学主动喊"我来",在球未落地前移动到来球位置后将球垫起。

计分方式:一方未接到或者垫起球,则另一方得分,一局5分,先得5分同学为胜,三局两胜。(检测目标2)

学习任务三:2vs2 实战运用

比赛情景:模拟排球小比赛,2vs2 轮流赛,连续赢三场就可以成为本组的"擂主",下一节课和其他组进行交叉 pk,从而决出最强组合。

1.2VS2 实战规则和注意事项讲解。

在3米×3米、网高2米的区域中,模拟真实的比赛场景,进行垫球比赛。比赛共三局,每局5分,先拿到5分的队赢下该局。

评分规则:

得1分:有以下任何一个情况出现,则本方得1分

(1)发球或抛球直接落在对方场地的有效区域。

(2)对方三次以内未将本方的发球或者垫球垫过网。

(3)对方将本方过网的球垫到了界外。

2. 比赛过程中裁判要对球员的垫球动作进行即时评价,即是否"先移动后伸手"以及是否相互配合的喊"我来",存在未"先移动后伸手"的情况,要求球员自己向裁判示意,未示意的裁判员要及时指出;出现未喊"我来"的情形时,球员自己向同伴举手示意,未示意的裁判员要指出。

3. 选出一个小组进行展示,并对其的团结协作能力和移动垫球能力进行同学间评价。(检测目标3)

【学后反思】

1. 在2VS2 的比赛中,如何才能获得比赛的胜利?有哪些要点和注意事项?

2. 为什么要先移动后伸手垫球?小组练习中为什么要喊"我来"?如果不这样做,通过一节课的学习,你觉得会出现什么样的情况呢?

3. 自己初步能够做到先移动后伸手垫球的动作吗?能和同伴配合起来吗?没有的话下次如何做才能做得更好呢?